TINTO 4

Arbeitsheft Fördern
Sprache · Lesen

von
Stephanie Aschenbrandt
Gerlinde Freyer
Katja Gade

illustriert von
Eva Czerwenka, Peter Kast,
Kristina Klotz, Tobias Krejtschi,
Anke Sebening, Ingrid Sissung,
Christa Unzner

Deine **interaktiven Gratis-Übungen** findest du hier:

1. Gib den unten stehenden Zugangscode in die Box ein.
2. Hab viel Spaß mit deinen Gratis-Übungen.

Dein Zugangscode auf
go.cornelsen.de | 4r333-qvgmc

Cornelsen

Inhaltsverzeichnis

 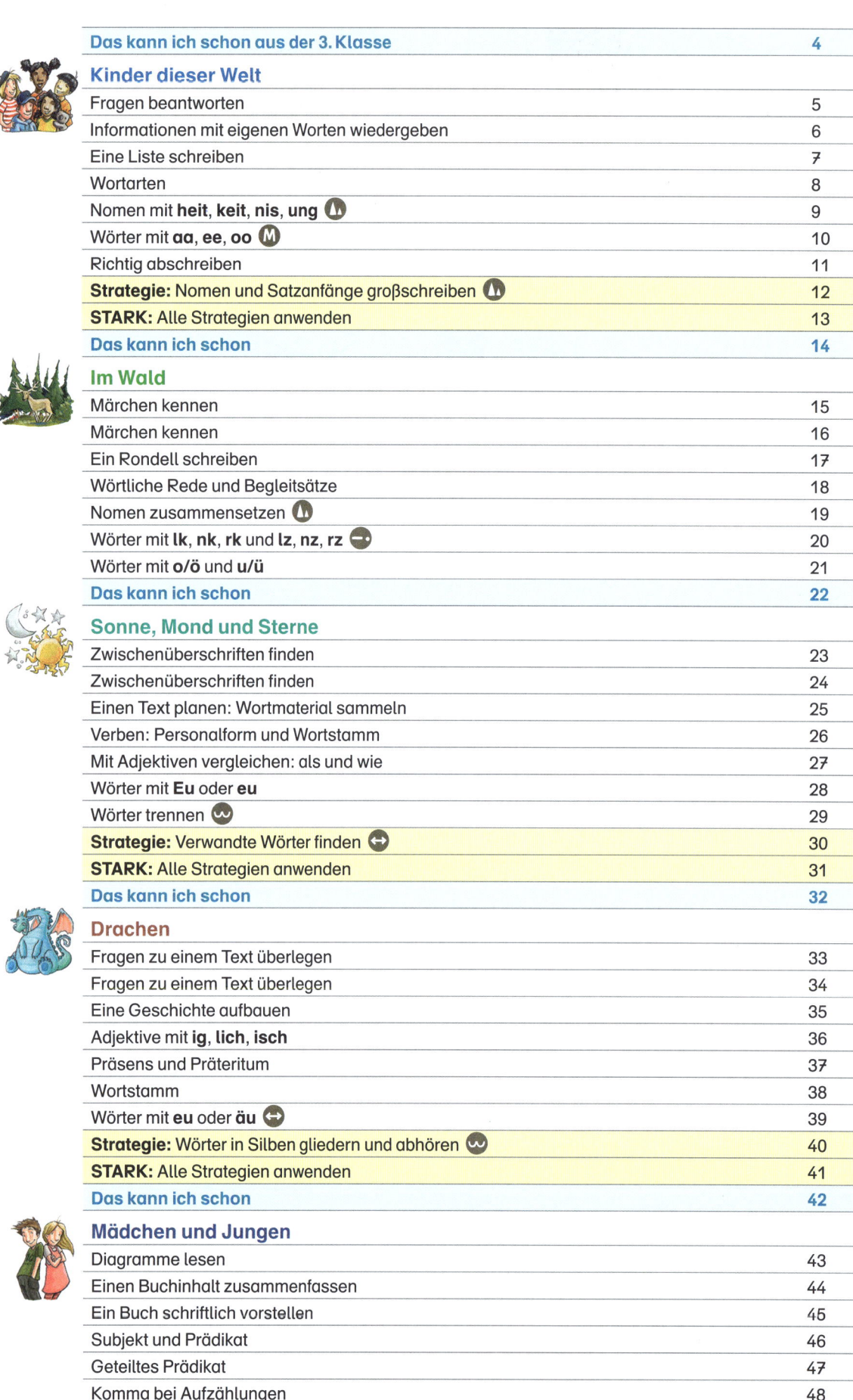

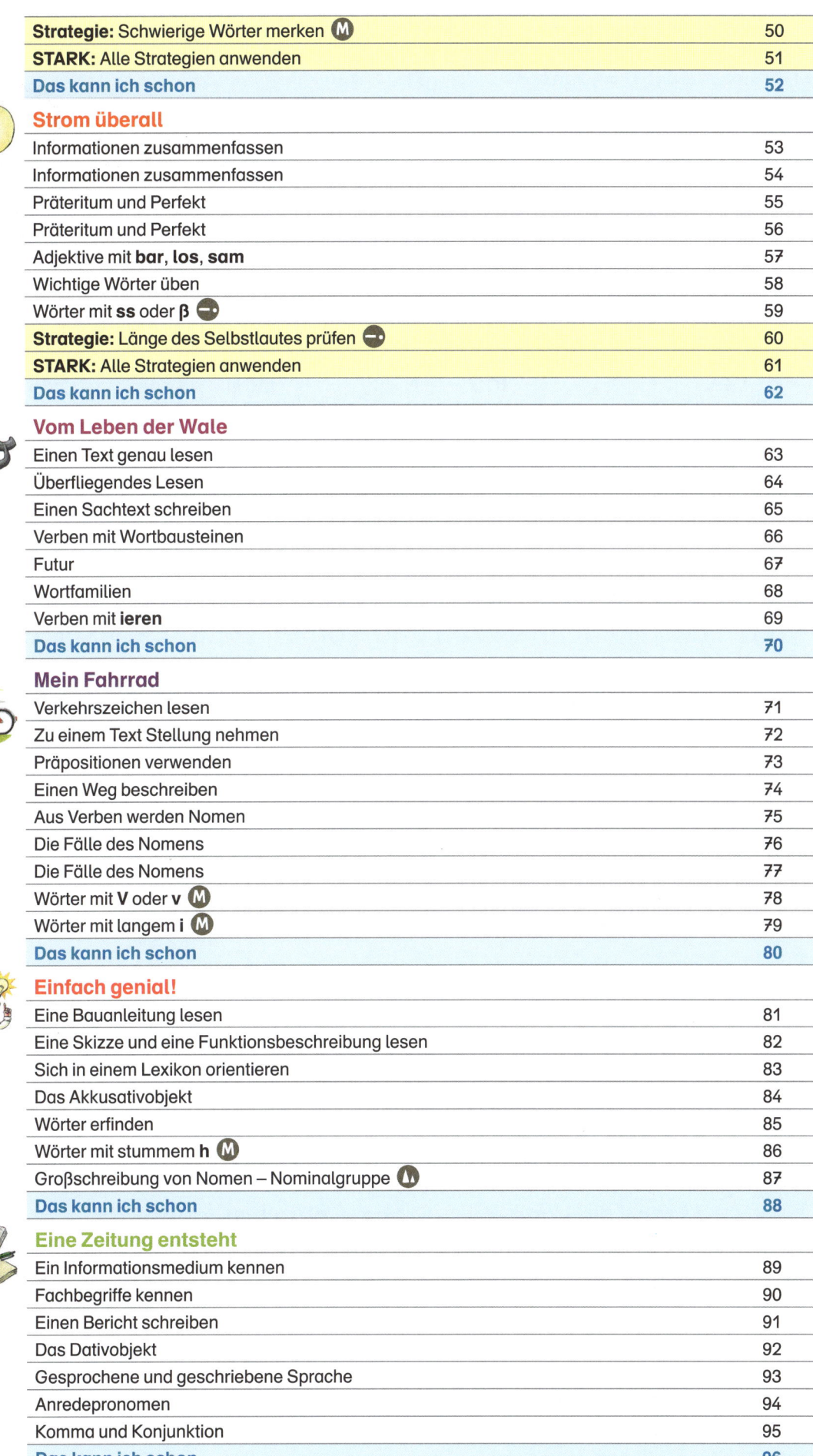

Das kann ich schon aus der 3. Klasse

Wörter nach dem Alphabet ordnen

1 Lies die Namen.

2 Ordne die Namen nach dem Alphabet.

Schreibe den Lösungssatz.

Esra	S		Tarun	S	1.	Anna	L
Levi	H		Ida	E		Ben	O
Malati	T		Felix	G			

A B C D E
F G H I J K
L M N O P
Q R S T U
V W X Y Z

Lösungssatz: L _ _ _ _ _ _ _ , _ _ _ _ _ _ _ _ !
         1   2   3   4   5   6   7   8

Nomen und Nomen/Verben und Nomen zusammensetzen

3 Setze zusammen und markiere.

die Musik + **das** Buch → **das** Musikbuch

die Feder + **die** Tasche →

schreiben + der Tisch → der **Schreib**tisch

treffen + der Punkt →

Wörter mit ck oder k

4 Verbinde die Reimwörter.

Mache die Lang-Kurz-Probe. Schreibe – oder •.

häkeln   Locken   Laken

Haken   räkeln   Socken

wort

Diese Seite fand ich:
○ leicht ○ mittel ○ schwer

Kinder dieser Welt

Fragen beantworten

  1 Lies den Text.

Herzlich willkommen in der Klasse 4 c

1 26 Kinder besuchen die Klasse 4 c.

2 Elf Kinder sprechen zu Hause nicht Deutsch.

3 Doga und Naz sprechen mit ihren Großeltern Türkisch.

4 Tarik und Yara können Arabisch sprechen und schreiben.

5 Die Großeltern von Kostas kommen aus Griechenland.

6 Irina spricht mit ihrer Mutter Russisch.

7 Ennio spricht sehr gut Spanisch und Deutsch. Er übersetzt oft

8 für seinen Vater, weil sein Vater nicht alles auf Deutsch versteht.

   2 Lies die Fragen. Suche die Antworten im Text.

  3 Beantworte die Fragen. Schreibe die Zeilen.

Mit wem sprechen Doga und Naz Türkisch?

mit ihren Großeltern   Zeile **3**

Woher kommen die Großeltern von Kostas?

            Zeile

Mit wem spricht Irina Russisch?

            Zeile

Welche Sprachen spricht Ennio?

            Zeile

Informationen mit eigenen Worten wiedergeben

1   Lies den Text. Sieh dir die Karte an.

Zeitzonen

Die ==Erde dreht sich in 24 Stunden einmal== um sich selbst.

Wenn wir zu Mittag essen, ist auf der anderen Seite der Erde Nacht.

Mittags sollte es überall hell sein. Deshalb wurde die Erdkugel

in 24 große Zeitzonen eingeteilt. Das geschah im Jahr 1884.

Die gedachte Startlinie läuft durch Greenwich* in London.

Geht man eine Zone in Richtung Osten, ist es eine Stunde später.

Geht man eine Zone in Richtung Westen, ist es eine Stunde früher.

In Berlin ist es im Winter also eine Stunde später als in London.

* sprich: Grinnitsch

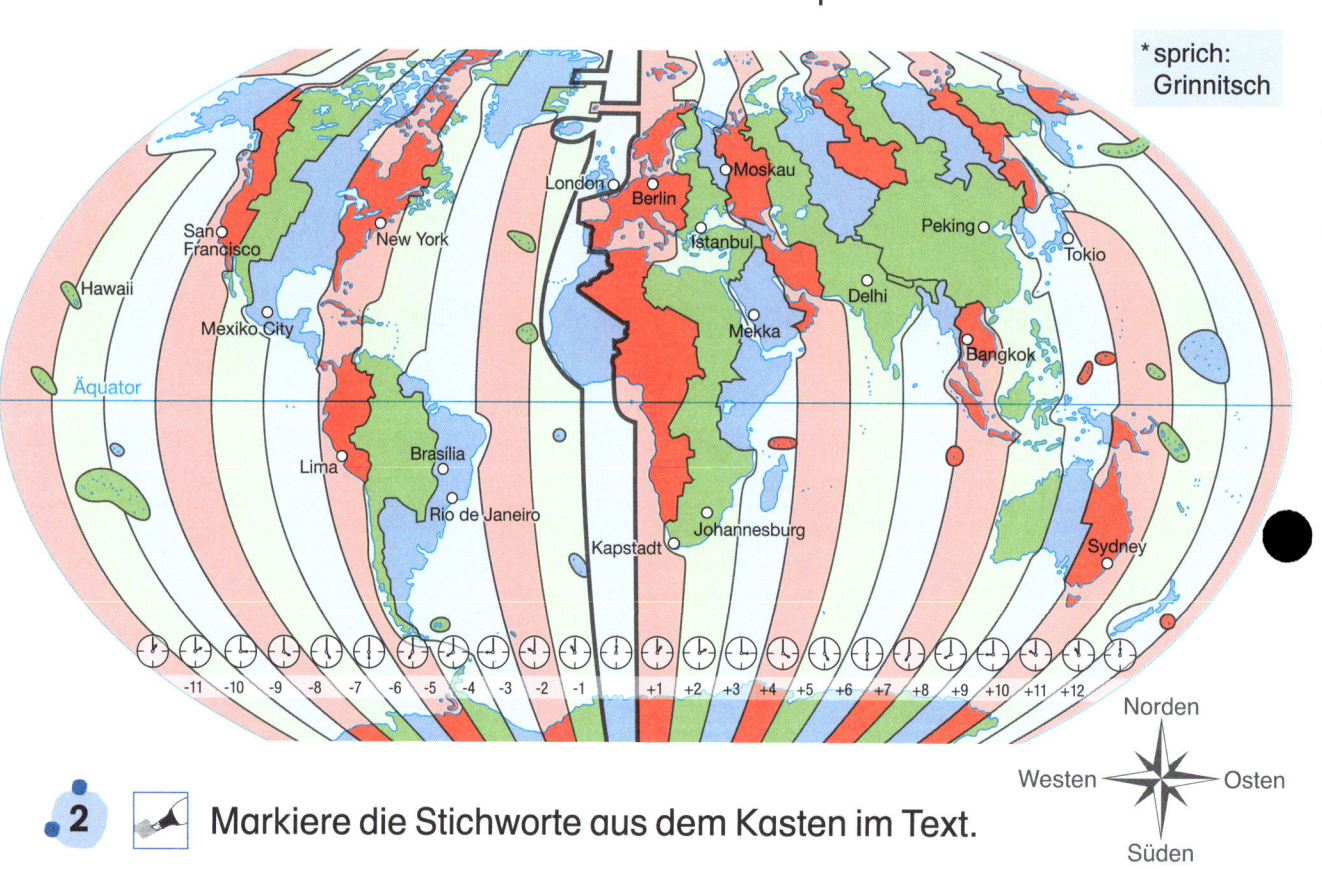

2  Markiere die Stichworte aus dem Kasten im Text.

~~Erde dreht sich in 24 Stunden einmal~~ • mittags überall hell •
Erdkugel in 24 Zeitzonen eingeteilt • Startlinie in London •
Richtung Osten später • Richtung Westen früher

3 Sprich mit einem Partnerkind über den Text.

  BB S. 12, BO S. 11

Eine Liste schreiben

1 Lies die Sprechblase von Matz.

> Am Mittwoch machen wir einen Ausflug.
> Wir fahren mit der Bahn zum Zoo.
> Dort lernen wir etwas über Artenschutz.
> Das sollen wir für den Unterricht aufschreiben.
> Natürlich brauchen wir auch Essen und Trinken.
> Danach gehe ich noch zum Gitarrenunterricht.
> Ich darf meinen Musikhefter nicht vergessen.

Matz

2 Markiere im Kasten alle Dinge, die Matz braucht.

Fahrrad · ==Bahnfahrkarte== · Trinkflasche · Musikhefter · Federmäppchen · Handschuhe · Schreibblock · Deutschbuch · Frühstücksdose · Sportbeutel · Geige · Gitarre

3 Schreibe die Packliste für Matz.

Packliste für Matz

Bahnfahrkarte

 Dila hat am nächsten Tag Bundesjugendspiele. Danach geht sie mit ihren Freunden schwimmen. Schreibe eine Packliste für Dila.

Wortarten

1  Schreibe die Wörter an die richtige Stelle.

hell · flüstern · Tasche · tanzen · klein · Heft

Probe für Adjektive:
Vergleichsstufen bilden,
Probe für Verben:
Grundform oder
Personalform bilden,
Probe für Nomen:
Artikel davorsetzen
oder Einzahl/Mehrzahl
bilden

Adjektive: hell,

Verben:

Nomen:

2 Schreibe zu jedem Wort
die passende Probe auf.

hell → hell, heller, am hellsten

klein →

flüstern → ich flüstere

tanzen →

Heft → das Heft, die Hefte

Tasche →

3 Lies die Sprechblase.
Schreibe die Probe auf.

Ich lese ein
dickes Buch.

lesen →

dick →

Buch →

Nomen mit heit, keit, nis, ung

1 👓 Lies die Wörter.

2 ✏️ Was gehört zusammen? Verbinde.

die Schönheit	die Unterbrechung	das Geheimnis	die Traurigkeit

geheim	schön	traurig	unterbrechen

3 ✏️ 🖍️ Schreibe die Mehrzahl auf. Markiere **nis** und **nisse**.

das Gefäng**nis** – die Gefäng**nisse**

das Geheimnis –

die Kenntnis –

> Aus nis wird nisse.

4 ✏️ Schreibe Nomen mit **heit**, **keit**, **nis** und **ung**.

Nomen mit **keit**:	schweigsam – Schweigsamkeit
	eitel –
Nomen mit **heit**:	dunkel –
	klug –
Nomen mit **nis**:	finster –
	erlauben –
Nomen mit **ung**:	ehren –
	impfen –

> Nomen schreibst du groß.

Wörter mit aa, ee, oo

 1 Lies die Wörter.

 Schreibe **aa**, **ee**, **oo**.

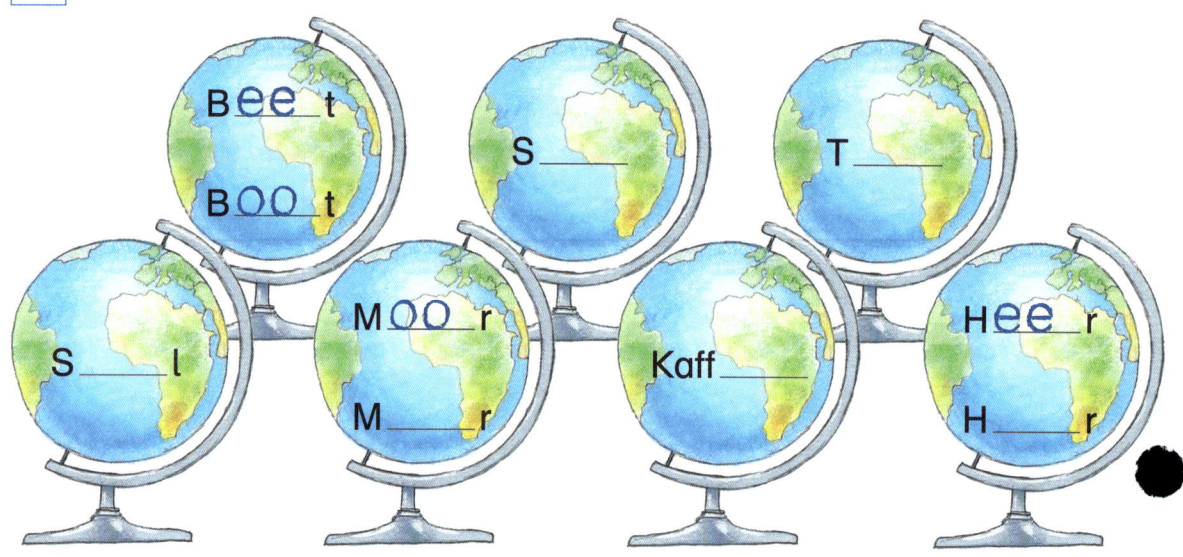

Beet
Boot
S____
T____
S____l
Moor
M____r
Kaff____
Heer
H____r

 2 Schreibe die Wörter. Markiere **aa**, **ee**, **oo**.

Beet,

 3 Schreibe die Wörter aus dem Kasten in das Rätsel.

Moos · Zoo · Schnee · Klee

Im Winter fällt …

Im Wald wächst …

Tiger sieht man im …

Soll mit vier Blättern Glück bringen.

 4 Lies die Lösung senkrecht ↓.

 Schreibe sie auf.

Lösungswort: ____ ____ ____ ____ !

Richtig abschreiben

 1 Lies den Text zweimal. Lies ihn langsam Satz für Satz.

Wie heißt du?

Viele Vornamen haben eine Bedeutung.

Der Jungenname Omid bedeutet Hoffnung.

Alina ist ein hebräischer Mädchenname.

Alina bedeutet Glück.

Der japanische Jungenname Yoshi bedeutet auch Glück.

 2 Lies nun Marjas Text.

 Marja hat beim Abschreiben Fehler gemacht.

Vergleiche beide Texte.

 3 Markiere die Fehler in Marjas Text.

> Wie heißt du?
>
> Viele <mark>Vornahmen</mark> haben eine Bedeutung.
>
> Der Jungenname Omit bedeutet Hoffnunk.
>
> Alina ist ein hebreischer Medchenname.
>
> Alina bedeutet Glük.
>
> Der japanische Jungenname Toshi bedeutet auch Glück.

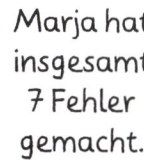

Marja hat insgesamt 7 Fehler gemacht.

 4 Schreibe die farbigen Sätze aus Aufgabe 1 ohne Fehler ab.

   Welche Vornamen in eurer Klasse haben eine Bedeutung?

Nomen und Satzanfänge großschreiben

Groß/klein?

1 👓 Lies den Text genau.

🖌 Markiere den ersten Buchstaben in jedem Satz rot.

2 🖌 Markiere die Nomen blau.

Die Klasse 4a plant ein Fest.

Jedes Kind soll etwas mitbringen.

Es soll typisch für das eigene Land sein.

Das können Gerichte, Getränke, Spiele oder Musik sein.

Alle Familien freuen sich darauf.

3 ✏ Schreibe den Text ab.

Die Klasse

4 Richtig oder falsch? Kreuze an.

	richtig	falsch
Nomen schreibt man klein.	☐	☐
Den Satzanfang schreibt man groß.	☐	☐
Wörter für Tiere und Menschen sind Verben.	☐	☐
Artikel können bei Nomen stehen.	☐	☐

STARK: Alle Strategien anwenden

1 👓 Lies die Wörter. Welche Strategie hilft dir?

2 🖊 Markiere das richtige Wort und die passende Strategie.

✏ Schreibe das Wort.

Wort	Strategie	
Paar/Par	⛰ ∽ **M**	Paar
musik/**Musik**	⛰ ∽ M	
Welt/welt	⛰ ∽ M	
Kinder/Kindr	⛰ ∽ M	
Bot/**Boot**	⛰ ∽ M	

3 👓 🖊 Lies den Text. Markiere das richtige Wort.

🖊 ✏ Markiere die passende Strategie. Schreibe das Wort.

Kinder dieser Welt

Andere **Länder**/länder und ⛰ ∽ M — Länder

Sprachn/**Sprachen** sind ⛰ ∽ M

interessant. **Unsere**/unsere Klasse ⛰ ∽ M

weiß nun, wo der Te/**Tee** herkommt ⛰ ∽ M

und welche feste/**Feste** ⛰ ∽ M

die **Menschen**/Menschn feiern. ⛰ ∽ M

wir/Wir haben leckere ⛰ ∽ M

Gerichte/gerichte probiert. ⛰ ∽ M

Das kann ich schon

Nomen mit heit, keit, nis, ung

1 Schreibe Nomen mit **heit**, **keit**, **nis** und **ung**.

| Nomen mit **keit**: | kostbar – |
| | lesbar – |

| Nomen mit **heit**: | selten – |
| | krank – |

| Nomen mit **nis**: | ereignen – |
| | ergeben – |

| Nomen mit **ung**: | mahnen – |
| | beleuchten – |

Wörter mit aa, ee, oo

2   Lies die Wörter.

 Schreibe **aa**, **ee**, **oo**.

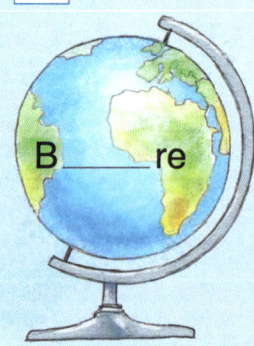 B____re 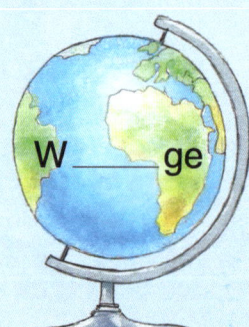 W____ge  F____  Z____

3   Schreibe die Wörter. Markiere **aa**, **ee**, **oo**.

Diese Seite fand ich:
○ leicht ○ mittel ○ schwer

Im Wald

Märchen kennen

1   Lies das Märchen. Sieh dir die Bilder an.

Das Kätzchen und die Stricknadeln

Es war einmal eine arme Frau. Sie ging in den Wald.

Dort entdeckte sie ein krankes Kätzchen.

Zu Hause gab sie dem Kätzchen Milch zu trinken.

Als es wieder gesund war, war es plötzlich weg.

Einige Tage später ging die Frau wieder in den Wald.

Dieses Mal stand dort eine vornehme Frau.

Sie schenkte ihr fünf Stricknadeln.

Zu Hause legte sie die Stricknadeln auf den Tisch.

Am Morgen fand sie dort ein Paar gestrickte Strümpfe.

Abends legte sie die Stricknadeln wieder auf den Tisch.

Und wieder fand sie morgens neue Strümpfe.

Da merkte sie, dass die vornehme Frau sie für

die Pflege des kranken Kätzchens belohnt hatte.

Die arme Frau konnte die Strümpfe verkaufen

und hatte genug Geld bis an ihr Lebensende.

nach Ludwig Bechstein

2 Lies die markierten Märchenmerkmale.

  Schreibe die Märchenmerkmale an die passende Stelle.

Figuren: eine arme Frau,

magische Gegenstände:

Märchen kennen

1   Lies die Märchenüberschriften.

 Welche Märchen kennst du? Markiere.

> Schneewittchen • Rumpelstilzchen • Rapunzel
> Schneeweißchen und Rosenrot • Die Bremer Stadtmusikanten

2   Lies die Karten. Sieh dir die Bilder an.

 Verbinde die Karten mit dem passenden Bild.

Einige Tage später liefen die Mädchen im Wald umher, um Brennholz zu sammeln. Da entdeckten sie einen großen Baum, der gefällt worden war.

Es war ein langer Weg nach Bremen. Am Abend kamen sie in einen Wald. Dort wollten sie übernachten.

Im Wald entdeckte der Bote ein kleines Haus. Davor brannte ein Feuer. Ein seltsames Männchen tanzte um das Feuer und sang laut.

3   Welche Märchen hast du gefunden? Kreuze an.

 Die Bremer Stadtmusikanten Rumpelstilzchen

 Rapunzel Schneeweißchen und Rosenrot

Ein Rondell schreiben

1 Lies das Rondell.

Der Ahorn

1 Ich bin ein mächtiger Laubbaum.

2 Meine Blätter färben sich gelb.

3 Propeller schweben durch den Wald.

4 Ich bin ein mächtiger Laubbaum.

5 Kinder kleben Propeller auf die Nase.

6 Oben im Baum wohnt ein Eichhörnchen.

7 Ich bin ein mächtiger Laubbaum.

8 Meine Blätter färben sich gelb.

2   Welche Zeilen sind gleich?

Gleiche Zeilen: ____ , ____ und ____ . Gleiche Zeilen: ____ und ____ .

3 Schreibe ein Rondell über die Kastanie.

Die Kastanie

1 Ich bin ein großer Laubbaum.

2 Meine Blätter färben sich braun.

Die Wörter im Kasten helfen dir.

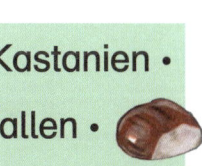

3

4 Ich bin ein großer Laubbaum.

5

6

7

8

Kastanien · fallen · herunter

Eine Eule · sitzt · im Baum

Wir · basteln · ein Tier

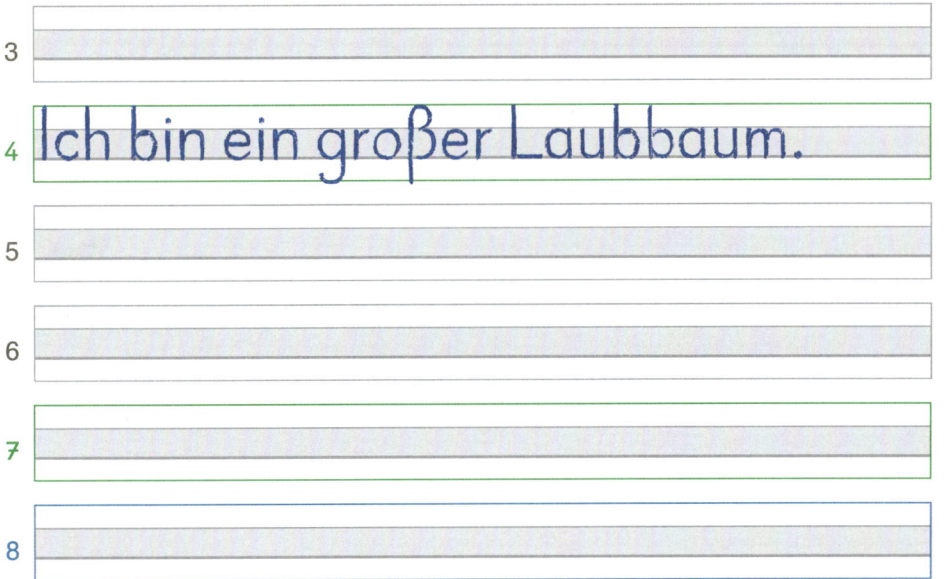

Wörtliche Rede und Begleitsätze

1 Lies das Gespräch.

Tim   **Fatma**

Durch den Wald gehe ich leise.

Warum ist das wichtig?

Das stört die Tiere nicht.

Und ich kann sie besser beobachten.

2 Schreibe das Gespräch mit Begleitsätzen auf.

Markiere die Satzzeichen: „ “ : ,

Ein Begleitsatz kann vor und nach der wörtlichen Rede stehen.
Begleitsatz: „Wörtliche Rede"
„Wörtliche Rede", Begleitsatz

„Durch den Wald gehe ich leise",

berichtet Tim.

Fatma fragt:

erklärt

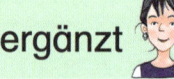
ergänzt

Nomen zusammensetzen

1 Lies die zusammengesetzten Nomen.

2 Zerlege in zwei Nomen.

Schreibe beide Nomen groß.

der Nadelbaum	die Nadel	+ der Baum
der Waldgeist		+
die Fußspur		+

3 Zerlege in Verb und Nomen.

 Markiere das **en**.

der Nistplatz	nist**en**	+ der Platz
der Waschbär		+
das Nagetier		+

4 Setze Adjektiv und Nomen zusammen.

 Markiere das Adjektiv.

Adjektiv	+ Nomen	zusammengesetztes Nomen
rot	+ die Buche	→ die **Rot**buche
rot	+ der Fuchs	→
rot	+ der Hirsch	→
wild	+ das Schwein	→
wild	+ die Biene	→
wild	+ die Bahn	→

Wörter mit lk, nk, rk und lz, nz, rz

1   Lies die Wörter. Markiere **nk**, **rk** und **lz**, **rz**.

2 Was gehört zusammen? Verbinde.

flink	stolzer	am stärksten
kurz	stärker	am flinkesten
stark	flinker	am stolzesten
stolz	kürzer	am kürzesten

3 Wo sind die Nomen versteckt? Markiere.

Suche nur waagerecht →.

S	C	H	W	A	N	Z	B
H	G	D	M	A	R	K	T
B	A	L	K	E	N	V	U
K	E	T	R	H	E	R	Z
A	H	O	L	Z	F	S	A
G	E	R	A	N	Z	E	N
P	I	L	Z	H	I	K	B
L	T	O	V	P	A	R	K
B	A	N	K	F	I	S	W

Ich habe noch 8 Nomen gefunden.

4 Schreibe die gefundenen Nomen mit Artikel auf.

 Markiere **lk**, **nk**, **rk** und **lz**, **nz**, **rz**.

5 Mache die Lang-Kurz-Probe.

 Schreibe einen • unter den kurzen Selbstlaut.

der Schwạnz,

   BB S. 38, BO S. 41

Wörter mit o/ö und u/ü

1 👁 Lies die Wörter. Sieh dir den Wortstamm an.

2 ✏ Verbinde die Wörter mit dem gleichen Wortstamm.

grüßen	ge**schloss**en	**stürm**en
das **Schloss**	der **Sturm**	das **Körb**chen
der **Stürm**er	der **Gruß**	die **Schlöss**er
die **Körb**e	der **Korb**	die Be**grüß**ung

3 🖊 Schreibe die Wörter auf.

🖌 Markiere den Wortstamm.

Manchmal verändert sich im Wortstamm der Selbstlaut: <mark>groß</mark> – <mark>größ</mark>er

grüßen, der Gruß, die Begrüßung

4 🖊 Schreibe die Wörter zu dem passenden Wortstamm.

~~lüften~~ • **groß**artig • am **größ**ten • ver**größ**ern • das **Lüft**chen • die **Luft** • die **Groß**eltern • **luft**ig • die Ver**größ**erung • die **Lüft**ung

luft: lüften,

groß:

Das kann ich schon

Nomen zusammensetzen

1 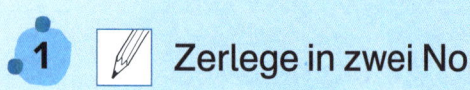 Zerlege in zwei Nomen.

das Waldfest	_____	+ _____
der Marktplatz	_____	+ _____
der Regenschirm	_____	+ _____

2 Zerlege in Verb und Nomen. Markiere das **en**.

das Stinktier	_____	+ _____
die Gießkanne	_____	+ _____
die Trinkflasche	_____	+ _____

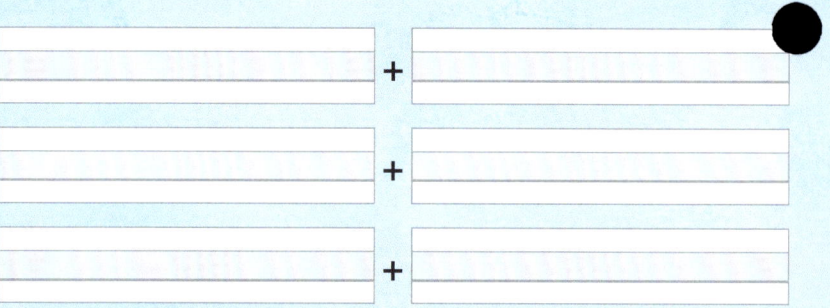

Wörter mit o/ö und u/ü

3 Schreibe die Wörter zu dem passenden Wortstamm.

sie **stoß**en • um**stoß**en • die Grund**schul**e •
die **Schül**erin • er **stöß**t • die **Schül**erschaft • die **Stöß**e •
das **Schul**fest • **stoß**fest • der **Schül**er

stoß: _____

_____

schul: _____

_____

© 2021 Cornelsen Verlag GmbH, Berlin. Alle Rechte vorbehalten.

Diese Seite fand ich:
○ leicht ○ mittel ○ schwer

Sonne, Mond und Sterne

Zwischenüberschriften finden

  1 Lies den Text.

  2 Schreibe die passenden Zwischenüberschriften.

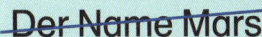 ~~Der Name Mars~~   Temperaturen   Seine Oberfläche

Mars – der rote Planet

> Der Name Mars

Der Planet Mars ist der zweitnächste Planet zur Erde.

Eisenhaltiger Staub lässt den Planeten rot aussehen.

Deshalb wird er auch der „rote Planet" genannt.

Früher dachte man bei der Farbe Rot an Blut.

Daher heißt der Planet wie der Kriegsgott Mars.

Es gibt automatische Fahrzeuge auf dem Planeten.

Sie heißen Mars-Rover und untersuchen die Oberfläche.

Der Mars hat viele Krater und Täler und auch erloschene Vulkane.

Der Vulkan „Olympus Mons" ist 26 Kilometer hoch.

Er ist der höchste Berg im ganzen Sonnensystem.

Auf dem Mars liegen die Temperaturen zwischen +20 °C und −80 °C.

Es gibt auch einen Nordpol und einen Südpol.

Dort kann es bis zu −120 °C kalt werden.

Große Temperaturunterschiede erzeugen starke Winde.

Diese toben auf der Oberfläche des Planeten.

Zwischenüberschriften finden

1 Lies den Text.

 Sieh dir die Bilder an.

2 Schreibe passende Zwischenüberschriften.

Die **fett** gedruckten Wörter helfen dir!

Die Erde erkunden

Erkundung zu Fuß und mit Pferden

Früher erkundeten die Menschen die Erde **zu Fuß**.

Danach ritten sie **mit Pferden** durch die Natur.

Sie entdeckten Höhlen und Meeresbuchten.

Sie stiegen auf hohe Berge.

Erkundung

Um die Erde von weit oben betrachten zu können,

bauten die Menschen Luftfahrzeuge.

Zum ersten Mal konnten sie **mit Luftfahrzeugen**

die Erde aus der Vogelperspektive erkunden.

Erkundung

Noch genauer wird die Erde **mit Satelliten** erkundet.

Satelliten kreisen in einer Umlaufbahn um die Erde.

Sie erkennen die Verschmutzung der Meere

und liefern Informationen zum Wetter.

Erkundung

Noch bessere Informationen über die Erde erhält man

durch Astronauten. Sie leben mehrere Monate

in einer Raumstation und erforschen das Weltall.

Einen Text planen: Wortmaterial sammeln

1 Lies die Wörter im Kasten.

2 Wo könnte sich eine Geschichte abspielen?
Markiere alle Orte.

> ~~auf einem Saturnring~~ · ein Marsmensch · ein Roboter ·
> auf einem Lichtstrahl · in einem Wolkenwirbel · eine Astronautin ·
> eine Kometenfee · in der Milchstraße

3 Schreibe die Orte auf.

Orte: auf einem Saturnring,

4 Schreibe die Figuren auf.

Figuren: ein Marsmensch,

5 Welche Ausdrücke passen zu **Angst besiegen**? Verbinde.

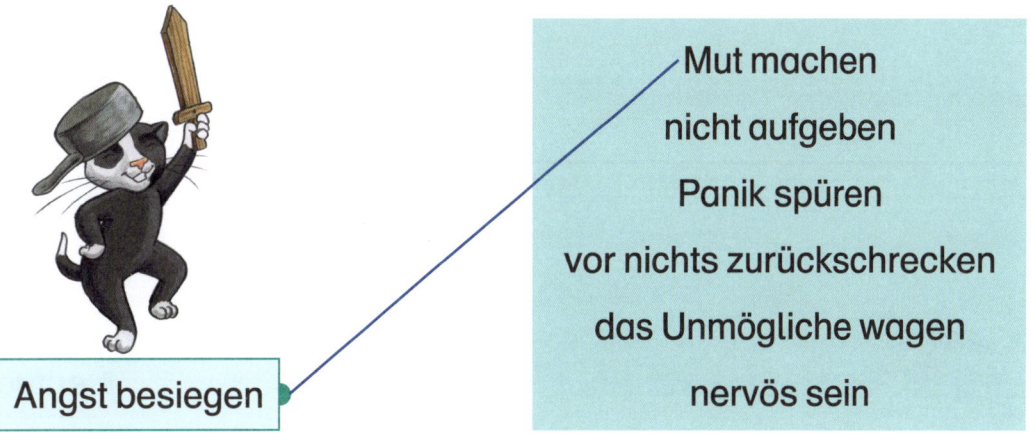

Mut machen

nicht aufgeben

Panik spüren

vor nichts zurückschrecken

das Unmögliche wagen

nervös sein

Angst besiegen

6 Welche Ausdrücke passen zu **Angst haben**? Schreibe auf.

Verben: Personalform und Wortstamm

1   Lies den Text. Achte auf die farbigen Verben.

Viele kleine Himmelskörper

Es gibt viele kleine Himmelskörper.

Sie fliegen durch das Weltall.

Jeder schwirrt verschieden groß durchs All.

 Deshalb hat man verschiedene Bezeichnungen für sie.

Ein Meteoroid saust als größerer Staubbrocken herum.

Er besteht oft aus Stein oder Metall.

Ein großer Asteroid rast als Zwergplanet durchs Weltall.

Vielleicht beobachtest du im Sommer die Sterne.

Dann entdeckst du flimmernde Himmelskörper.

2 Schreibe die farbigen Verben auf.

 Verbinde sie mit der Grundform.

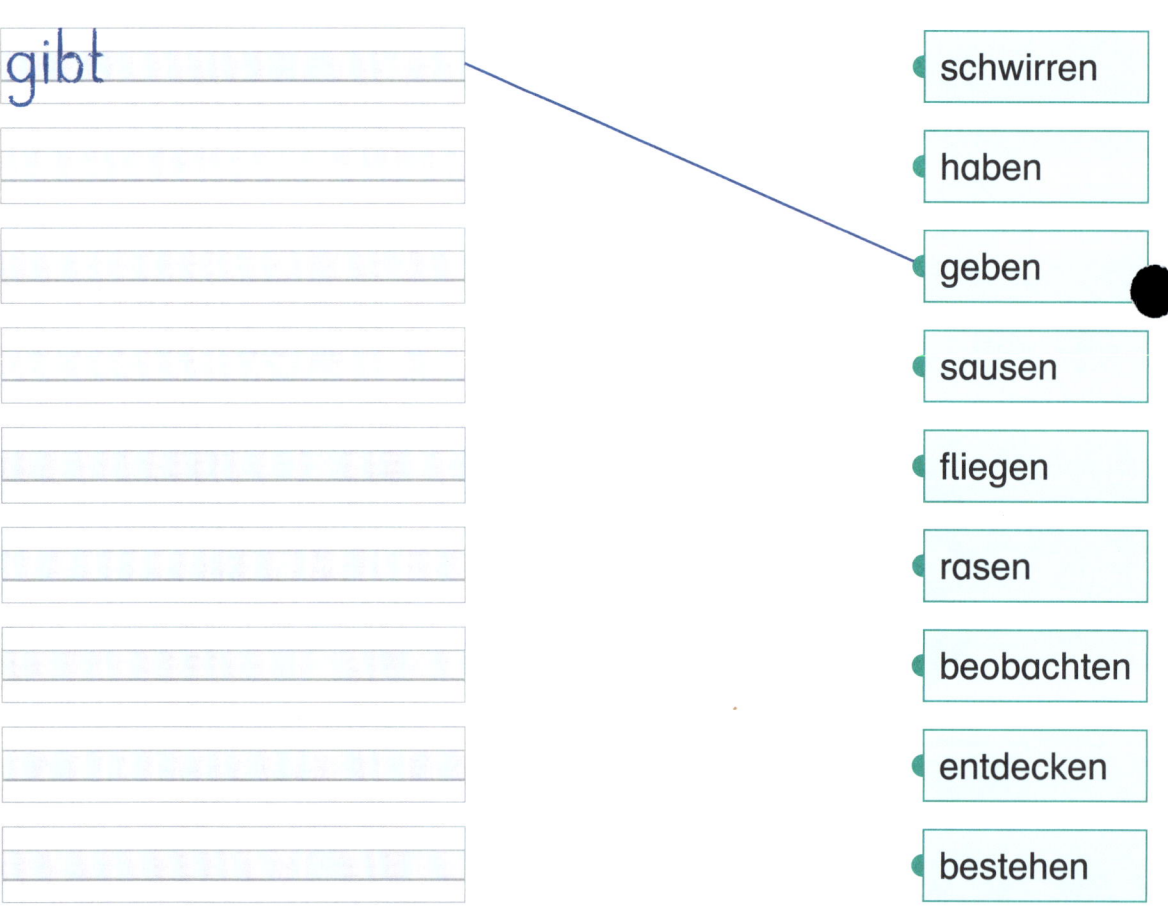

gibt

schwirren
haben
geben
sausen
fliegen
rasen
beobachten
entdecken
bestehen

BB S. 52, BO S. 56

Mit Adjektiven vergleichen: als und wie

1 👓 Lies die Sätze.

2 ✏️ Trage die Vergleichsstufen **hoch – höher – am höchsten** richtig ein.

Zugspitze (2 962 m)
Mount Everest (8 848 m)
Olympus Mons (26 400 m)

Unglaublich hoch

Die Zugspitze ist _____ .

Der Mount Everest ist _____ .

Der Olympus Mons ist _____ .

3 ✏️ Schreibe die Adjektive an die richtige Stelle.

niedriger als	höher als	fast so hoch wie

Der Olympus Mons ist _____ die Zugspitze.

Die Zugspitze ist _____ der Mount Everest.

Die Alpspitze* ist _____ die Zugspitze.

* Alpspitze (2 628 m)

4 👁 Vergleiche die Drohnen miteinander.

✏️ Schreibe Sätze. Nutze **höher als**, **niedriger als** und **am höchsten**.

Drohne 1 fliegt niedriger als
Drohne 2.

Drohne	Flughöhe
1	2 m
2	4 m
3	6 m

_____

_____

Wörter mit Eu oder eu

1 👓 Lies die Wörter. Markiere **eu**.

2 ✏️ Ordne die Wörter nach dem Alphabet.

✏️ Schreibe sie auf.

1	Beule		heute		neugierig
	erfreulich		Zeugnis		verheult

1	Beule		

3 ✏️ Schreibe mit dem Wortstamm Wörter.

🖌️ Markiere den Wortstamm.

an

be   feuer   n   anfeuern

ver

e

Freund   in

schaft

4 ✏️ Schreibe mit dem Wortstamm **freund** weitere Wörter.
Nutze **un**, **be** und **an**.

Wörter trennen

  1 Lies den Text leise. Flüstere die farbigen Wörter.

 2 Markiere in den farbigen Wörtern die Selbstlaute.

Wie wird man Astronaut?

Eine Fahrt ins Weltall beginnt viele Jahre vor
dem Start. Denn Astronauten müssen viel wissen
und sehr fit sein. Sie müssen sich mit Raumfahrt
sehr gut auskennen. Sie müssen auch über Medizin
und Physik gut Bescheid wissen. Sie müssen
Englisch sprechen, manchmal auch Russisch.
Sie müssen gute Ideen haben und unterwegs
Probleme lösen können. Wichtig ist auch eine
gute Zusammenarbeit in der engen Raumfähre.

Jede Silbe hat
einen Selbstlaut.

 3 Schreibe die farbigen Wörter nach Silben geordnet auf.

 Schreibe sie mit Trennstrichen auf.

 Markiere die Selbstlaute.

eine Silbe:

zwei Silben: Jah-re,

drei Silben:

vier Silben:

fünf Silben:

  4 Schreibe fünf weitere Wörter aus dem Text auf.

 Schreibe sie mit Trennstrichen auf.

 Markiere die Selbstlaute.

Verwandte Wörter finden

Gehört zu?

1 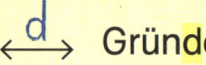 Markiere **b**, **d** oder **g**. Schreibe den Buchstaben.

Grun d ←d→ Grün**d**e

flüssi____ ←→ flüssige

be____t ←→ beben

Ran____ ←→ Ränder

> Sprich dazu:
> Grund gehört
> zu Grün**d**e, also
> schreibe ich
> Grun**d** mit d.

2 Schreibe ein verwandtes Wort aus dem Kasten auf.

Schreibe **ä** oder **äu**.

> Sprich dazu:
> Glätte gehört zu
> glatt, also schreibe
> ich Gl**ä**tte mit **ä**.

Gl ä ____tte ←ä→ glatt

m____chtig ←→ _____

Geb____de ←→ _____

Ger____sch ←→ _____

bauen
Macht
~~glatt~~
rauschen

3 Schreibe zu jedem Wort ein verwandtes Wort,
bei dem du ein silbentrennendes **h** hörst. Setze Silbenbögen.

es sieht ←h→ sehen

sie glüht ←→ _____

er steht ←→ _____

sie flieht ←→ _____

> Oft hilft
> die Grundform:
> sieht ←→ sehen

© 2021 Cornelsen Verlag GmbH, Berlin.
Alle Rechte vorbehalten.

  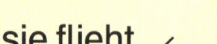 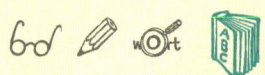 BB S. 56, BO S. 61

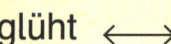

STARK: Alle Strategien anwenden

1 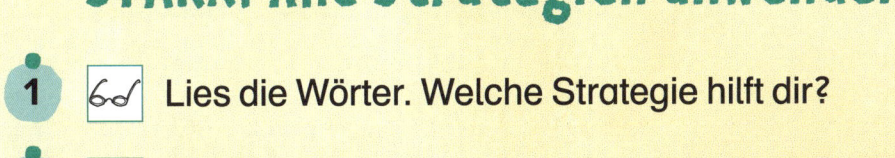 Lies die Wörter. Welche Strategie hilft dir?

2 Markiere das richtige Wort und die passende Strategie.

Schreibe das Wort.

Freunt/**Freund** ⛰️ ↔️ ➖ **Freund**

nutzen/nuzen ⛰️ ↔️ ➖

Mond/Mont ⛰️ ↔️ ➖

guken/gucken ⛰️ ↔️ ➖

toll/Toll ⛰️ ↔️ ➖

3 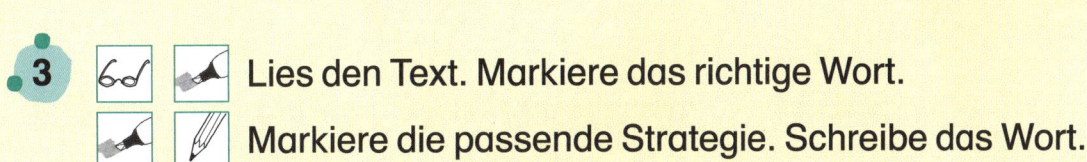 Lies den Text. Markiere das richtige Wort.

Markiere die passende Strategie. Schreibe das Wort.

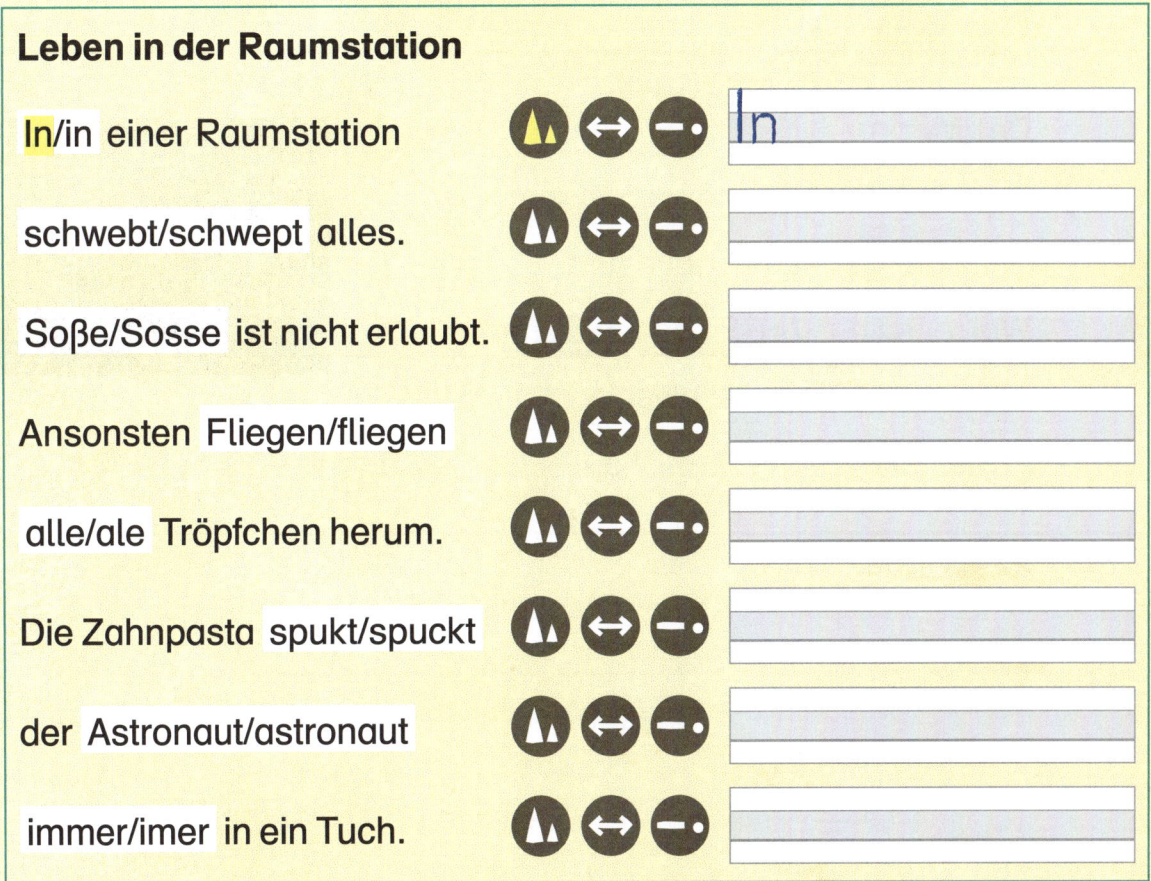

Leben in der Raumstation

In/in einer Raumstation ⛰️ ↔️ ➖ **In**

schwebt/schwept alles. ⛰️ ↔️ ➖

Soße/Sosse ist nicht erlaubt. ⛰️ ↔️ ➖

Ansonsten Fliegen/fliegen ⛰️ ↔️ ➖

alle/ale Tröpfchen herum. ⛰️ ↔️ ➖

Die Zahnpasta spukt/spuckt ⛰️ ↔️ ➖

der Astronaut/astronaut ⛰️ ↔️ ➖

immer/imer in ein Tuch. ⛰️ ↔️ ➖

Das kann ich schon

Mit Adjektiven vergleichen: als und wie

1 Schreibe die Adjektive an die richtige Stelle.

heißer als	kälter als

genauso warm wie

Wetter heute: Merkur −145 °C, Mars und Erde +20 °C, Sonne +5 000 °C

Auf dem Merkur ist es _____ auf der Sonne.

Auf der Sonne ist es _____ auf dem Mars.

Auf dem Mars ist es _____ auf der Erde.

Wörter trennen

2 Schreibe die farbigen Wörter nach Silben geordnet auf.

 Schreibe sie mit Trennstrichen auf.

 Markiere die Selbstlaute.

Der Merkur

Der Merkur ist der kleinste Planet.

Er ist der Sonne am nächsten.

Weil er so nah an der hellen Sonne ist,

können wir ihn nur schwer beobachten.

In die helle Sonne zu blicken ist für die Augen gefährlich.

eine Silbe: _____

zwei Silben: _____

drei Silben: _____

vier Silben: _____

Diese Seite fand ich:
○ leicht ○ mittel ○ schwer

Drachen

Fragen zu einem Text überlegen

1 Lies den Text.

Wie Drachensagen (vielleicht) entstanden sind

1 Erzählungen über Drachen gibt es auf der ganzen Welt.

2 Manche Wissenschaftler vermuten,

3 dass Dinosaurier die Vorbilder für Drachen waren.

4 Andere glauben, dass Funde von Knochen

5 zu der Vorstellung von Drachen führten.

6 Auch lebendige Tiere können als Vorbilder für Drachen gedient haben.

7 Dazu gehören die Brückenechse,

8 der Komodowaran und

9 das Nilkrokodil.

2 Lies die Fragen.

 Suche die Antworten im Text.

3 Beantworte die Fragen. Schreibe die Zeilen.

Wo gibt es Erzählungen über Drachen? **Es gibt sie**

_____ Zeile ☐

Welche Funde führten zu der Vorstellung von Drachen?

Funde von _____ Zeile ☐

4 Schreibe eine Frage zum Text.
Nutze die Satzteile aus dem Kasten.

 Beantworte die Frage.

> können als Vorbilder •
> Welche Tiere • für Drachen •
> gedient haben?

Fragen zu einem Text überlegen

1 Lies den Text genau.

Unvollkommen?

Die beiden Drachen Lafadur und Fuchta <mark>waren sehr einsam</mark>.

Lafadur <mark>konnte nicht fliegen</mark>. Er hatte sich

als junger Drache den Flügel schwer verletzt.

Feuer spucken <mark>konnte Fuchta noch nie</mark>.

Sie gab sich viel Mühe, doch es gelang ihr nicht.

In ihren Gruppen <mark>waren die beiden lange Außenseiter</mark>.

„Du bist ja kein richtiger Drache!", <mark>sagten die anderen Drachen</mark>.

Eines Tages trafen sich die beiden durch einen Zufall.

Sie wurden gute Freunde und waren nicht länger einsam.

2 Schreibe zu jedem Fragewort eine W-Frage.

 Schreibe die Antworten.

> Die Markierungen im Text helfen dir bei den Fragen.

| Wer | war sehr einsam ? | Die beiden Drachen. |

| Wer | _____ ? | _____ |

| Was | _____ ? | |

| | _____ | |

| Wo | _____ ? | |

| | _____ | |

| Was | _____ ? | |

| | _____ | |

Eine Geschichte aufbauen

1 👓 Lies die Stichworte im Drachennest.

2 🖌 Markiere, was in deiner Geschichte vorkommen soll.

✏ Schreibe die Stichworte in die Einleitung.

> Du kannst dir auch eigene Stichworte ausdenken.

Wann? im Frühling • im Winter • vor 1000 Jahren
Wo? in einer Höhle • im Wald • auf einer Burg
Wer? Forscher • Drachentöter • Drachenjunges • Kinder

Einleitung

Wann spielt die Geschichte?

Wo spielt sie?

Wer kommt darin vor?

3 ✏ Schreibe den Hauptteil und den Schluss.

> Das könnte passieren: Kampf, Rettung, Erforschung, Entdeckung, Schreck, Gefahr …

Hauptteil

Was passiert?

Schluss

Wie endet die Geschichte? ☐ gut ☐ schlecht

Was passiert?

4 👄 Erzähle deine Geschichte einem Partnerkind.

Adjektive mit ig, lich, isch

1 Lies die Wörter in den Eiern.

2 Was gehört zusammen? Markiere.

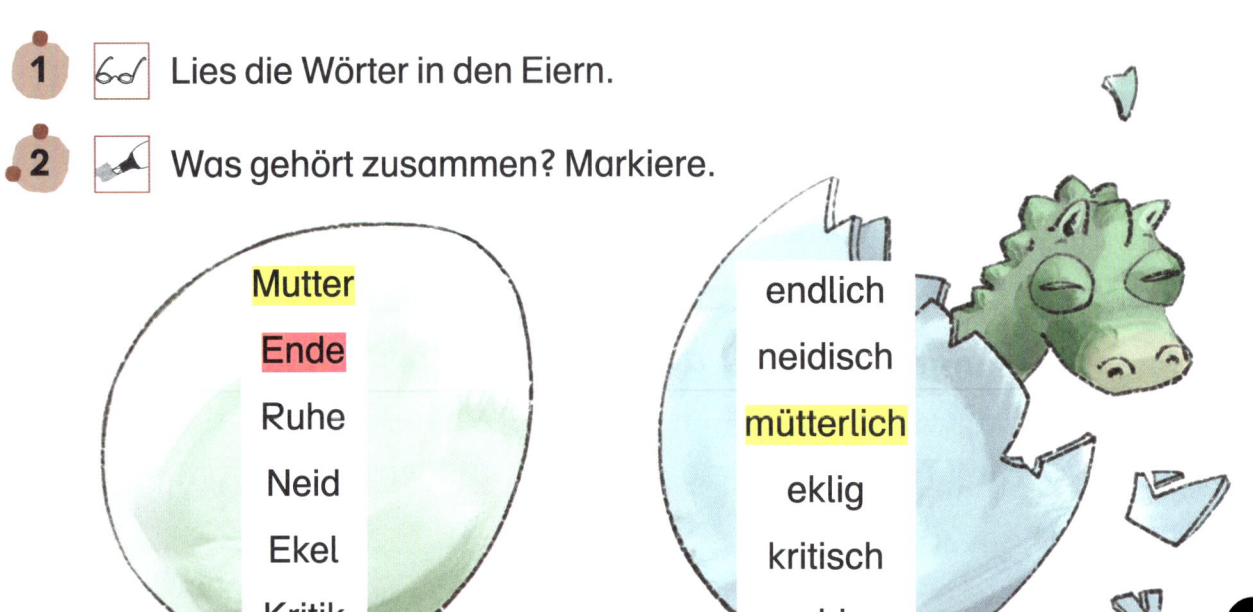

Mutter
Ende
Ruhe
Neid
Ekel
Kritik

endlich
neidisch
mütterlich
eklig
kritisch
ruhig

3 Schreibe die Wortpaare auf. Markiere **ig**, **lich**, **isch**.

Mutter – mütterlich,

4 Schreibe zu den Nomen passende Adjektive.

Lies die Lösung senkrecht ↓.

Sport

Freund

Mitleid

Gift

Farbe

Tier   T I E R I S C H

Geiz

Schreibe die Adjektive
mit der Endung ig.
Ausnahme: sportlich
und freundlich

Präsens und Präteritum

1   Lies die Wörter.

2   Was gehört zusammen? Markiere.

Präsens
er singt · du trinkst · wir lesen · ihr denkt · ich spreche

Präteritum
wir lasen · er sang · ich sprach · du trankst · ihr dachtet

3   Schreibe sie zusammen auf.

er singt – er sang,

4 Schreibe die Grundform.
Der Kasten hilft dir.

kämpfen · schreiben · ~~helfen~~ · sagen

5   Suche die Grundform im Wörterbuch. Schreibe die Seite.

sie halfen – helfen   Seite ☐

er kämpfte –   Seite ☐

ich schrieb –   Seite ☐

du sagtest –   Seite ☐

Wortstamm

1 👓 ✏️ Lies die Wörter und verbinde.

| gelebt | Tier | waschen | fahren | hilfreich |

| Waschbär | Fahrrad | Lebewesen | Nachhilfe | tierisch |

2 ✏️ Schreibe die Wörter auf.

🖌️ Markiere den Wortstamm.

gelebt – Lebewesen,

3 ✏️ Schreibe noch drei Verben mit dem Wortstamm **geb** auf.

ge · an · um · ver · **geb** · en

gegeben

4 ✏️ Schreibe Begriffe auf, die dir zum Wort **Drache** einfallen. Die Wörter von der Karte darfst du nicht verwenden.

Drache
1. Gefahr/gefährlich
2. Tier
3. groß
4. Feuer

5 👄 Erkläre einem Partnerkind das Wort mit deinen Begriffen und lass es raten. Spielt das Spiel auch mit anderen Wörtern.

BB S. 72, BO S. 79

Wörter mit eu oder äu

1 Lies den Text.

2 Markiere die vier Wörter mit **eu** <mark>gelb</mark>
und die acht Wörter mit **äu** <mark>rot</mark>.

Zukunftspläne

Ritter Rudibert hatte <mark>heute</mark> viel Beute gemacht.

Im Kampf hatte er seine <mark>Fäuste</mark> eingesetzt.

Nun musste er sich säubern.

Er lag im schäumenden Badewasser und

träumte von dem Burgfräulein Hildegunde.

Häufig saß sie bei den Bäumen im Burginnenhof.

Rudibert wollte nicht nur mit ihr befreundet sein.

Er wollte vor Zeugen um ihre Hand anhalten.

Er wollte ihr Bräutigam werden.

3 Schreibe die Wörter mit **eu** zu einem Wort aus der Wortfamilie.

heutige – *heute*   Beutezug –

Zeugnis –   freundlich –

4 Schreibe ein verwandtes Wort zu den Wörtern mit **äu**.

Fäuste ⟷ äu *Faust*   schäumenden ⟷

säubern ⟷   Burgfräulein ⟷

träumte ⟷   Bäumen ⟷

häufig ⟷   Bräutigam ⟷

Wörter in Silben gliedern und abhören

Hör genau!

1  Lies die Nomen und höre genau.

2 Setze Silbenbögen. Markiere die Selbstlaute.

Schreibe die Silbenanzahl.

Fan ta sie tie re `5`

Dra chen jun ges ☐

un ge heu er lich ☐

3 Lies die Silben. Setze die Wörter richtig zusammen.

Setze Silbenbögen. Markiere die Selbstlaute.

Burg	lein	fräu	Burgfräulein
Rit	burg	ter	
chen	Dra	nest	

4 Lies die Wörter in den Kästen.

Schreibe sie mit Trennstrichen auf.

zwei Silben:	drei Silben:
~~Finger~~ · Zunge	Flamingo · Känguru

zwei Silben	drei Silben
Fin-ger	

Bei Wörtern mit ng trenne zwischen n und g.

BB S. 74, BO S. 81

STARK: Alle Strategien anwenden

1 Lies die Wörter. Welche Strategie hilft dir?

2 Markiere das richtige Wort und die passende Strategie.

 Schreibe das Wort.

anteuschen/**antäuschen**   **antäuschen**

Wesen/Wesn

ritter/Ritter

Kempfe/Kämpfe

Feuer/Feur

3   Lies den Text. Markiere das richtige Wort.

  Markiere die passende Strategie. Schreibe das Wort.

Drachenähnliche Geschöpfe

Einige tiere/Tiere sehen wie

kleine Drachen/Drachn aus.

Zum Beispiel die echsen/Echsen .

Sie verbergen/verbergn sich

oft unter Streuchern/Sträuchern

oder auch in Höhlen/höhlen .

Ihr Rücken ist oft dornig/dornik .

Manche werden/werdn sehr groß.

Das kann ich schon

Präsens und Präteritum

1 ✏️ Schreibe die Grundform.
Der Kasten hilft dir.

2 👁️ ✏️ Suche die Grundform im Wörterbuch. Schreibe die Seite.

reiten • stehen • fliegen • treffen • rechnen • scheinen • erklären

sie rechneten – _____ Seite ⬚

er traf – _____ Seite ⬚

wir erklärten – _____ Seite ⬚

du reitest – _____ Seite ⬚

ich stehe – _____ Seite ⬚

sie flogen – _____ Seite ⬚

es schien – _____ Seite ⬚

Wortstamm

3 ✏️ Schreibe fünf Verben mit dem Wortstamm **bau** auf.

ab ⬚ _____

um ⬚ _____

be ⬚ **bau** ⬚ en _____

an ⬚ _____

auf ⬚ _____

Diese Seite fand ich:
○ leicht ○ mittel ○ schwer

Mädchen und Jungen

Diagramme lesen

1   Lies den Text und sieh dir das Diagramm an.

60 % Mädchen heißt 60 Mädchen von 100.

Freizeitaktivitäten

Mädchen und Jungen wurde eine Liste mit verschiedenen Freizeitaktivitäten vorgelegt. Sie sollten angeben, welche davon sie regelmäßig ausüben. Die Kinder waren im Alter von 6 bis 13 Jahren.

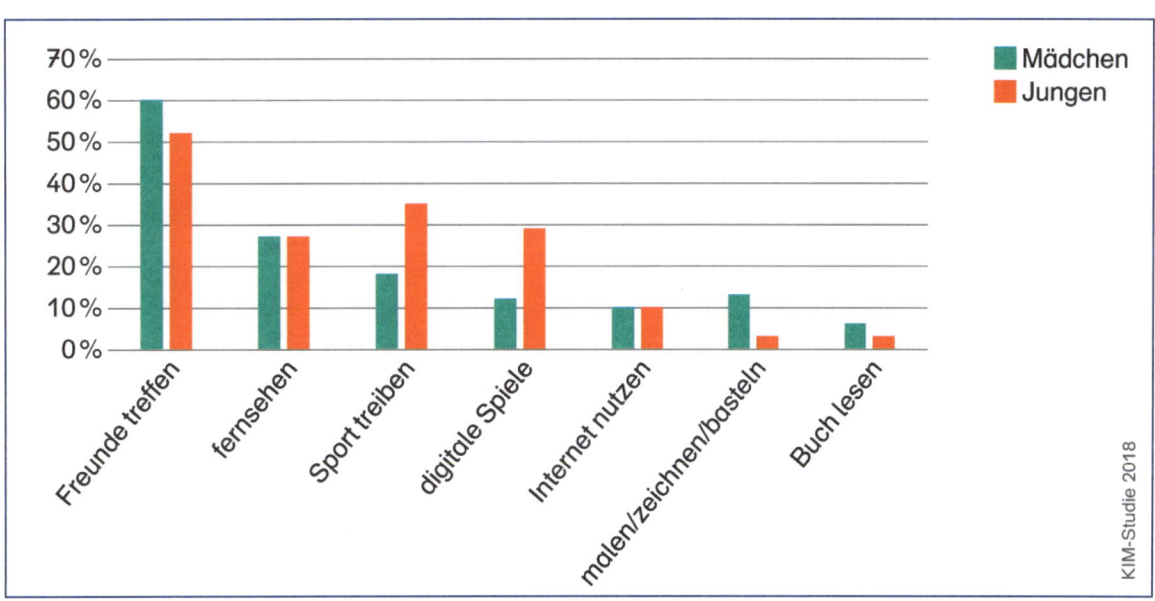

KIM-Studie 2018

2   Lies die Aussagen. Richtig oder falsch? Kreuze an.

	richtig	falsch
Die Farbe für Mädchen ist Grün.		
Die Farbe für Jungen ist Blau.		
Jungen lesen lieber Bücher als Mädchen.		
Das Internet nutzen gleich viele Mädchen und Jungen.		
Alle Kinder schauen gleich oft Fernsehen.		
Mädchen treffen Freunde am liebsten.		

   Was unternimmst du gern in deiner Freizeit?
Schreibe eine Rangliste.

Einen Buchinhalt zusammenfassen

Den Titel und den Autor findest du auf dem Cover des Buches.

1 Wie heißt dein Lieblingsbuch?

 Schreibe den Titel und den Autor auf.

Titel:

Autor/-in:

2 Beantworte die Fragen zu deinem ausgewählten Buch.

Wer sind die Hauptpersonen?

Wo spielt die Geschichte?

Worum geht es?

Die Zusammenfassung auf der Rückseite deines Buches kann dir helfen.

  BB S. 86, BO S. 93

Ein Buch schriftlich vorstellen

1  Was gehört auf die erste Seite deiner Buchvorstellung? Kreuze an.

Wenn du dir unsicher bist, sieh im Basisbuch auf Seite 87 nach.

- [ ] Titel
- [ ] Autor/Autorin
- [ ] Verlag
- [ ] Textstelle

2  Wähle eine besondere Textstelle aus. Schreibe sie auf.

Oder: Tippe die Stelle am Computer ab und klebe sie auf.

Male ein passendes Bild in das leere Feld.

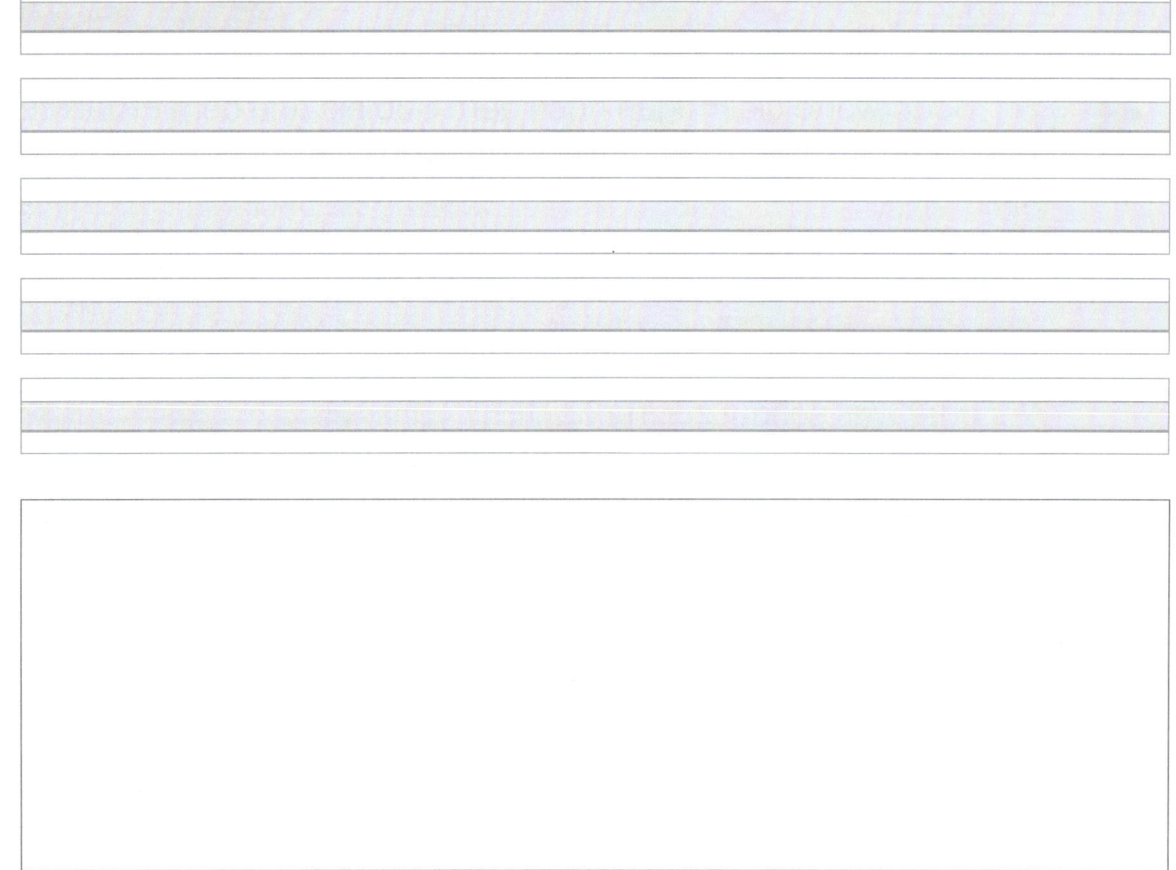

3 Warum gefällt dir das ausgewählte Buch? Kreuze an.

Mein Buch …
- [ ] ist lustig
- [ ] ist spannend
- [ ] handelt von Tieren

- [ ] handelt von Freundschaft
- [ ] _____

 Übe, die Textstelle flüssig vorzulesen.

Subjekt und Prädikat

1 Lies das Beispiel.

Alex steht vor der Tür.

Subjekt: Wer oder was steht vor der Tür? Alex

Prädikat: Was tut Alex? steht

2 Was gehört zusammen? Verbinde.

Prädikat	Wer oder was?
Subjekt	Was tut?/Was tun?

3 Beantworte die Fragen nach dem Subjekt und dem Prädikat.

 Markiere die Subjekte blau und die Prädikate rot.

Ein neuer Schüler in der 4 b

• Die Kinder schauen zur Tür.

Wer oder was schaut zur Tür? die Kinder

Was tun die Kinder? schauen

• Die Lehrerin begrüßt den neuen Schüler.

Wer oder was begrüßt den neuen Schüler? _____

Was tut die Lehrerin? _____

• Alex trägt ein Trikot.

Wer oder was trägt ein Trikot? _____

Was tut Alex? _____

  BB S. 88, BO S. 95/96

Geteiltes Prädikat

1 Lies die Grundformen und Sätze.

2 Verbinde die Grundformen mit dem passenden Satz.

vorlesen	Das Kind läuft vor dem Hund weg.
anschauen	Oma liest ihrem Enkel vor.
weglaufen	Vera schreibt den Text ab.
abschreiben	Tim schaut sich die Bilder an.

3 Markiere in den Sätzen das geteilte Prädikat.

Beantworte die Fragen. Schreibe als Antwort nur das Prädikat in der Grundform.

• Maiks Schuhe fliegen im Treppenhaus herum.

Was tun Maiks Schuhe? herum fliegen

Tinto räumt sein Zimmer auf.
Was tut Tinto?
aufräumen

• Julia hängt ihre Jacke auf.

Was tut Julia?

• Sally zieht ihre Turnschuhe aus.

Was tut Sally?

• Aus dem Sportbeutel purzeln die Sportschuhe heraus.

Was tun die Sportschuhe?

4 Frage nach dem Prädikat. Beantworte die Frage.

Emma leiht ein Buch aus.

_____ ?

Komma bei Aufzählungen

1 Lies die Sätze. Markiere die Kommas.

2 Kreuze den Satz mit der richtigen Kommasetzung an.

☐ Am liebsten esse ich Erdbeeren Kirschen Äpfel und Bananen.

☐ Am liebsten esse ich Erdbeeren, Kirschen, Äpfel und Bananen.

3 Was frühstücken die Kinder?
Schreibe je einen Satz zu Greg und Anna.

Achte auf die Kommas bei der Aufzählung.

- ein Ei
- Obstsalat
- ein Brötchen mit Marmelade

Greg

- Haferbrei
- ein Toastbrot
- Rührei
- Baked Beans*

Anna

*sprich: Beikt Bienz

Greg isst Haferbrei,

4 Markiere die Kommas im Text.

 Schreibe den Text in dein Heft.

> Montags, dienstags, mittwochs, donnerstags und freitags stehe ich immer früh auf. Am Wochenende kann ich länger schlafen, lesen, spielen und Freunde treffen. Manchmal fahren wir in den Zoo, gehen spazieren und treiben Sport.

Fremdwörter richtig schreiben

1   Lies den Text. Achte auf die Fremdwörter.

Urlaub in Paris

In den letzten Ferien war ich als **Tourist** in Paris.

Oft saßen wir in einem **Café**

und aßen ein **Baguette**.

Ganz toll fand ich ein französisches **Restaurant**.

Da wurde die **Serviette** immer besonders gefaltet.

2 Ordne die Wörter nach dem Alphabet.

1 Baguette

2

3

4

5

3 Schreibe die Wörter in die richtige Spalte der Tabelle.

 Markiere schwierige Stellen.

Chemikalien · Adjektiv · Nomen · Skizze · Präteritum · Thermometer · Experiment · Infinitiv

Deutsch

Sachunterricht

Chemikalien

   Welche Fremdwörter kennst du aus dem Fach Mathe? Schreibe auf.

Schwierige Wörter merken

Merk's dir!

1 Lies die Wörter leise. Achte auf die Merkstelle.

Ich liebe Hoodies!

die Mandarine • das Aquarium • wohl •
schräg • der Hoodie* • ärgern • das Kino • mehr •
das Jahr • nämlich • das Alphabet • die City • der Lärm •
das Lineal • der Stuhl • die Zitrone

*sprich: Huddi

2 Schreibe die Wörter in die richtige Spalte der Tabelle.

Merkwörter mit ä:

Merkwörter mit stummem h:

Merkwörter mit langem i:

die Mandarine

Fremdwörter:

3 Markiere in den Merkwörtern die Merkstelle.

B**oo**t • **V**ogel • **Z**oo • **v**ersuchen • **F**ee • nerv**ös** •
P**aa**r • No**v**ember • Be**e**ren • **v**orsichtig • M**oo**s • **V**ase •
W**aa**ge • Kur**v**e • H**aa**re • **v**ier • Kl**ee** • bra**v**

  BB S. 92, BO S. 101

STARK: Alle Strategien anwenden

1  Lies die Wörter. Welche Strategie hilft dir?

2 Markiere das richtige Wort und die passende Strategie.

Schreibe das Wort.

Wort	Strategien	Lösung
Länder/Lender	↔ ∧∧ M	Länder
krawatte/Krawatte	↔ ∧∧ M	
Kieno/Kino	↔ ∧∧ M	
Wand/Want	↔ ∧∧ M	
Mädchen/Medchen	↔ ∧∧ M	

3   Lies den Text. Markiere das richtige Wort.

Markiere die passende Strategie. Schreibe das Wort.

Schuluniform

In englischen Schulen/schulen ↔ ∧∧ M

wehlen/wählen die Kinder ↔ ∧∧ M

nicht jeden Morgen ire/ihre ↔ ∧∧ M

_____ selbst aus. ↔ ∧∧ M

Stell dir vor/for , du müsstest ↔ ∧∧ M

eine stoffhose/Stoffhose ↔ ∧∧ M

tragen und keine Jeans/Jeens . ↔ ∧∧ M

Dazu ein weißes Hemd/Hemt . ↔ ∧∧ M

Das kann ich schon

Subjekt und Prädikat

1 ✏️ Beantworte die Fragen nach dem Subjekt und dem Prädikat.

🖊️ Markiere die Subjekte blau und die Prädikate rot.

• Die Jungen finden Alex cool.

Wer oder was findet Alex cool?

Was tun die Jungen?

• Zwei Mädchen schreiben Alex Briefchen.

Wer oder was schreibt Alex Briefchen?

Was tun zwei Mädchen?

Fremdwörter richtig schreiben

2 ✏️ Schreibe die Wörter in die richtige Spalte der Tabelle.

🖊️ Markiere schwierige Stellen.

Diskussion • Training • Plural •
Gymnastik • Pronomen • Aerobic •
Foul • Singular

Deutsch	Sport

© 2021 Cornelsen Verlag GmbH, Berlin. Alle Rechte vorbehalten.

Diese Seite fand ich:
○ leicht ○ mittel ○ schwer

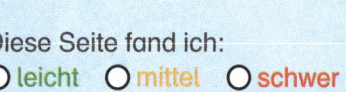

Strom überall

Informationen zusammenfassen

1  Lies den Text. Kläre unbekannte Begriffe.

2 Schreibe die passenden Zwischenüberschriften.

 Vorteil   ~~Erneuerbare Energie~~   Nachteil

Solarenergie

1 Erneuerbare Energie

Die Energie der Sonnenstrahlung heißt Solarenergie.

Solarenergie zählt zu den erneuerbaren Energien,

weil die Sonne noch viele Jahre scheinen wird.

2 _____

Ein Nachteil ist, dass wir die Solarenergie nicht immer

gleich gut nutzen können. Die Sonne scheint immer nur

am Tag und im Sommer scheint sie länger als im Winter.

3 _____

Ein Vorteil ist, dass bei der Nutzung von Solarenergie

die Luft nicht durch Schadstoffe verschmutzt wird.

Das ist gut für den Umweltschutz.

3 Zu welchen Abschnitten gehören die Stichworte?

Schreibe die Zahlen.

☐ • Vorteil • keine Schadstoffe	1 • Sonnenstrahlung • erneuerbare Energie	☐ • Nachteil • Sonne scheint nicht immer

Informationen zusammenfassen

1   Lies den Text. Welche Verhaltensregeln kennst du?

2   Markiere im Text die Verhaltensregeln.

Richtiges Verhalten bei Gewitter

Lenny und Mila beobachten Frösche am Bach.

Plötzlich hören sie Donner. Mila ruft: „Ein Gewitter!

<mark>Wir dürfen nicht unter den Bäumen bleiben!</mark>" Lenny

schreit: „Wir müssen uns auch vom Bach entfernen!

Wasser leitet gut den Strom." Lenny und Mila lassen

ihre Fahrräder liegen. Sie laufen ins Freie und gehen

in die Hocke. Sie stellen die Füße dicht nebeneinander

und schlingen die Arme um den Kopf und die Knie.

So hocken sie, bis das Gewitter vorüber ist.

Als es nur noch regnet, fahren sie schnell nach Hause.

Gut, dass sie die Verhaltensregeln bei Gewitter kannten.

> Metall leitet auch Strom.

3 Richtig oder falsch? Kreuze an.

	richtig	falsch
Man darf sich nicht im Wasser aufhalten.	X	
Man sollte sich unter einem Baum verstecken.		
Man sollte ins Freie oder in ein Gebäude laufen.		
Man sollte mit dem Fahrrad nach Hause fahren.		
Es ist wichtig, im Freien in die Hocke zu gehen.		
Die Knie sollten den Boden berühren.		
Ist das Gewitter vorbei, kann man wieder aufstehen.		

4    Schreibe die Verhaltensregeln bei Gewitter in dein Heft.

   Schreibe die falschen Verhaltensregeln richtig auf.

Präteritum und Perfekt

1 Lies den Text.

Köln bei Nacht

Juli erzählt von ihrem Ausflug zum Kölner Dom.

 „Wir haben vor dem Kölner Dom gestanden.

Dann sind wir die 533 Stufen hinaufgestiegen.

Der Ausblick hat uns entschädigt.

Viele kleine Lichtpunkte haben geglitzert.

Plötzlich haben die Lichter geflackert.

Ich habe an einen Stromausfall gedacht.

Wir sind schnell wieder abgestiegen."

> Wenn etwas **erzählt** wird, das vergangen ist, steht das Verb oft im Perfekt.

2 Schreibe die farbigen Verben auf. Sie stehen im Perfekt.

haben gestanden,

3 Verbinde die Verben im Perfekt mit den Verben im Präteritum.

Verben im Perfekt	Verben im Präteritum
wir sind angekommen	wir hatten
ich habe gelesen	ich las
es hat gegeben	du stauntest
wir haben gehabt	wir kamen an
du hast gestaunt	es gab

Präteritum und Perfekt

1 Lies den Text.

2 Markiere alle Verben im Präteritum.

Kölner Stadtteile ohne Strom

Am Samstag gab es in Köln teilweise keinen Strom.

Alle Lichter und Ampeln blieben dunkel.

Polizisten regelten dann den Verkehr.

Auch die Feuerwehr war im Einsatz.

Die Elektriker fanden den Fehler

und reparierten das defekte Kabel.

Kurz nach Mitternacht leuchteten alle Lichter wieder.

Kölnische Morgenpost

3 Schreibe die Verben mit Pronomen auf.

 Verbinde sie mit den Verben im Perfekt.

Verben im Präteritum

es gab

Verben im Perfekt

sie haben geregelt

sie ist gewesen

es hat gegeben

sie haben geleuchtet

sie sind geblieben

sie haben gefunden

sie haben repariert

BB S. 106, BO S. 115/116

Adjektive mit bar, los, sam

1   Lies den Text. Kläre unbekannte Begriffe.

2 Markiere alle Adjektive mit **bar**, **los** und **sam**.

Strom aus Kraftwerken

Kraftwerke sind für die Gewinnung von Strom ==bedeutsam==.

Die Verbrennung von Kohle ist aber nicht gefahrlos.

Es entstehen oft messbar giftige Gase.

In Wasserkraftwerken wird Wasser gestaut.

Der nachweisbar große Druck treibt die Turbinen an.

Orte für Wasserkraftwerke werden bedachtsam ausgewählt.

Denn der Lebensraum von Fischen ist leicht zerstörbar

und muss vorbehaltlos geschützt werden.

Windkrafträder treiben auch Turbinen an.

Leider drehen sie sich nicht lautlos.

Unsere Sonne ist für die Stromgewinnung wunderbar.

Sie strahlt fast endlos. Allerdings sind die Strahlen

am besten wirksam, wenn es wolkenlos ist.

3 Schreibe die Adjektive geordnet auf.

bar:

los:

sam: bedeutsam,

Wichtige Wörter üben

1 Verbinde die Reimpaare.

doch	kein	nie	wenn	seit	wann

denn	weit	noch	wie	dann	nein

2 Schreibe die Reimpaare auf.

doch – noch

3 Schreibe den Gegensatz.

~~oft~~ • vor • nie • viel

selten – oft

hinter –

immer –

wenig –

4 Markiere die versteckten Wörter. Suche nur waagerecht →.

Schreibe die Wörter in dein Heft.

~~meistens~~ • nämlich • bisschen • bald • jetzt

A	B	M	E	I	S	T	E	N	S
C	B	I	S	S	C	H	E	N	D
B	A	L	D	F	G	H	K	L	M
N	P	Q	R	S	J	E	T	Z	T
T	N	Ä	M	L	I	C	H	D	F

Gar nicht schreibt man gar nicht zusammen.

BB S. 108, BO S. 118

Wörter mit ss oder ß

1 Lies den Text.

2 Markiere **ss** und **ß**.

 Mache die Lang-Kurz-Probe.

 Schreibe – oder •.

Heißt es groß ... ... oder groß?

Umgang mit Strom

Strom spielt in unserem Leben eine große Rolle.

Da wir ihn oft nutzen, müssen wir vorsichtig mit ihm umgehen:

• Außer Steckern gehört nichts in die Steckdose.

• Nutze in der Badewanne niemals elektrische Geräte.

  Wasser leitet den Strom gut.

• Hole niemals ein Brot mit dem Messer aus dem Toaster.

• Lasse niemals einen Drachen in der Nähe von

  Hochspannungsleitungen steigen. Durch dich könnte Strom fließen.

---

3 Schreibe die Wörter an die richtige Stelle.

Wörter mit ss:

Wörter mit ß: *große,*

4 Markiere den Wortstamm **mess/maß**.

 Schreibe die Wörter in dein Heft.

> **maß**los • die Me**ss**latte • vermessen • ich maß •
> messen • das Maßband

Länge des Selbstlautes prüfen

Lang/kurz?

1 Mache die Lang-Kurz-Probe.

Schreibe – oder •.

> Tipp • sparen • stoßen • denn • Strom •
> •
> Verbrennung • Wasser • Leitung

2 Schreibe die Wörter in die Tabelle.

Schreibe – oder •.

langer Selbstlaut –	kurzer Selbstlaut •
	Tipp

3 Mache die Lang-Kurz-Probe.

Schreibe – oder • und verbinde.

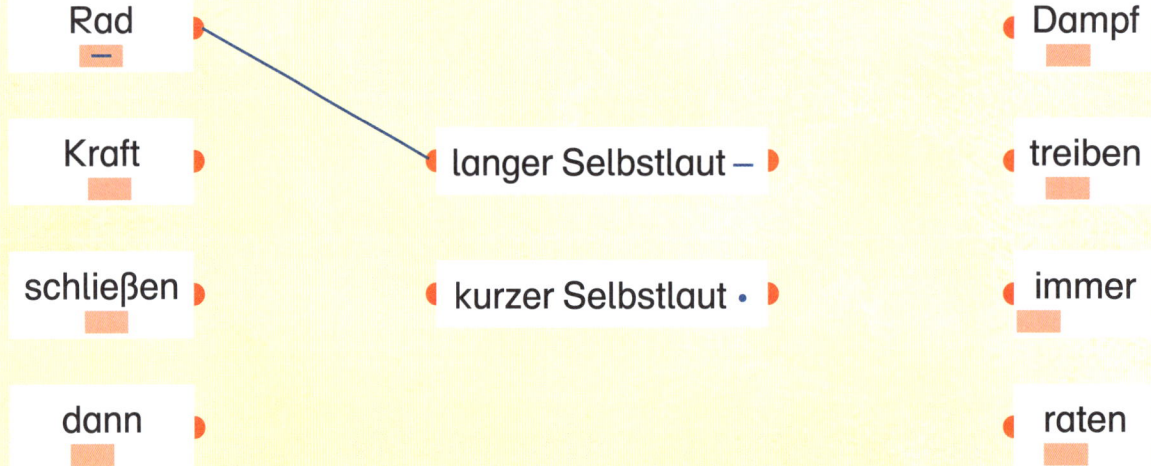

Rad
–

Kraft

schließen

dann

langer Selbstlaut –

kurzer Selbstlaut •

Dampf

treiben

immer

raten

BB S. 110, BO S. 121

STARK: Alle Strategien anwenden

1 👓 Lies die Wörter. Welche Strategie hilft dir?

2 🖌 Markiere das richtige Wort und die passende Strategie.

✏ Schreibe das Wort.

Sonne/Sone ⟁ ↔ — **Sonne**

gelangt/gelankt ⟁ ↔ —

leitung/Leitung ⟁ ↔ —

tretten/treten ⟁ ↔ —

gab/gap ⟁ ↔ —

3 👓 🖌 Lies den Text. Markiere das richtige Wort.

🖌 ✏ Markiere die passende Strategie. Schreibe das Wort.

Fossile Brennstoffe

Kohle/kohle gehört zu den ⟁ ↔ —

fosilen/fossilen Brennstoffen. ⟁ ↔ —

Davon gipt/gibt es aber nur noch ⟁ ↔ —

_____ auf der Erde. ⟁ ↔ —

Wird Kohle verbrant/verbrannt , ⟁ ↔ —

kommen Schadstoffe/Schadstofe ⟁ ↔ —

in unsere luft/Luft und ⟁ ↔ —

erwärmen/erwermen die Erde. ⟁ ↔ —

Das kann ich schon

Präteritum und Perfekt

1 Verbinde die Verben im Perfekt mit den Verben im Präteritum.

Verben im Perfekt	Verben im Präteritum
wir sind gelaufen	er hatte
sie hat gegeben	ich duschte
ich habe geduscht	du erschrakst
er hat gehabt	ihr kamt
ihr seid gekommen	es passierte
es ist passiert	wir liefen
du bist erschrocken	sie gab

Wörter mit ss oder ß

2 Markiere den Wortstamm **biss/beiß** und **gruß/grüß**.

Schreibe die Wörter geordnet auf.

beißen • ich grüße • grußlos • abbeißen • der Gruß • bissig • begrüßen • zubeißen • das Gebiss • die Grußkarte

biss/beiß	gruß/grüß

Diese Seite fand ich:
○ leicht ○ mittel ○ schwer

Vom Leben der Wale

Einen Text genau lesen

1 Lies den Text.

Neue Walart entdeckt

1 Fischer haben vor der japanischen Küste besondere Wale gesichtet.

2 Forscher haben herausgefunden, dass es sich dabei um eine bisher

3 unbekannte Art von Schnabelwalen handelt.

4 Die neue Walart wurde Berardius minimus genannt.

5 Der Berardius minimus wird 6–7 m lang.

6 Sein Körper ist spindelförmig* und dunkel.

7 Er schwimmt im tiefen Meerwasser und kann lange tauchen.

8 Deshalb ist er sehr selten zu sehen und schwer zu beobachten.

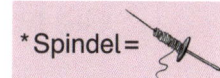
* Spindel =

2 👁 Lies die Fragen. Suche die Antworten im Text.

3 ✏ Beantworte die Fragen. Schreibe die Zeilen.

Wo haben Fischer besondere Wale gesichtet?

vor der japanischen Küste Zeile 1

Wie wurde die neue Walart genannt?

_____ Zeile ☐

Wie lang wird der Berardius minimus?

_____ Zeile ☐

Wie ist sein Körper?

_____ Zeile ☐

Überfliegendes Lesen

 1 Wie geht überfliegendes Lesen? Kreuze an.

  Ich lese jedes Wort langsam und genau.

  Ich fliege mit den Augen schnell über den Text
  und lese nur die wichtigsten Wörter.

 2 Übe das überfliegende Lesen.
Lies nur die **fett** gedruckten Wörter.

Die Barten der Wale

Bartenwale haben **keine Zähne**.

Sie **haben** dafür **Barten**.

Das sind **dünne Platten aus Horn***.

Sie sind so ähnlich **wie** die **Borsten bei Pinseln**.

Die Barten **hängen an** den Seiten der **Oberkiefer**.

Sie **funktionieren wie** ein **Sieb**.

Die Wale **sieben Krebse und Krill*** aus dem Meer.

Danach **schlürfen** sie diese Leckerbissen **ein**.

* Horn: ein hartes
Material, aus dem
auch Fingernägel
und Hufe bestehen

* Krill: eine Art
der Krebstiere

 3 Worum geht es in dem Text?

   Kreuze an.

  X Bartenwale haben keine Zähne.

  Bartenwale haben Barten statt Zähne.

  Barten sind dünne Platten aus Holz.

  Die Barten hängen an den Unterkiefern.

  Die Barten funktionieren wie ein Sieb.

  Bartenwale sieben Krebse und Krill aus dem Meer.

  Bartenwale kauen das Essen gut durch.

Du kannst
mehrere
Antworten
ankreuzen.

 4 Lies nun den ganzen Text und überprüfe deine Antworten.

Einen Sachtext schreiben

1   Lies den Steckbrief. Sieh dir das Bild an.

Steckbrief	
Name:	Pottwal
Gruppe:	Zahnwale
Größe:	bis zu 18 m
Aussehen:	dunkelgraue Haut, rechteckiger Kopf, große Fluke
Alter:	bis zu 70 Jahre
Lebensraum:	weltweit alle tiefen Gewässer
Nahrung:	Tintenfische und Riesenkraken
Natürliche Feinde:	keine
Besonderheiten:	er hat das schwerste Gehirn aller Säugetiere

2   Lies den Sachtext. Bringe ihn in die richtige Reihenfolge. Halte dich an den Steckbrief von oben nach unten. Schreibe die Zahlen.

☐ Der Pottwal kann bis zu 70 Jahre alt werden.

1 Der Pottwal gehört zu den Zahnwalen.

☐ Er hat keine natürlichen Feinde.

☐ Er kann bis zu 18 m lang werden.

☐ Er hat eine dunkelgraue Haut und einen rechteckigen Kopf.

☐ Er frisst Tintenfische und Riesenkraken.

☐ Er lebt weltweit in tiefen Gewässern.

3   Schreibe den Sachtext richtig auf.

Verben mit Wortbausteinen

1 👓 Lies die Verben.

2 ✏️ Was gehört zusammen? Verbinde.

🖌️ Markiere die Wortbausteine.

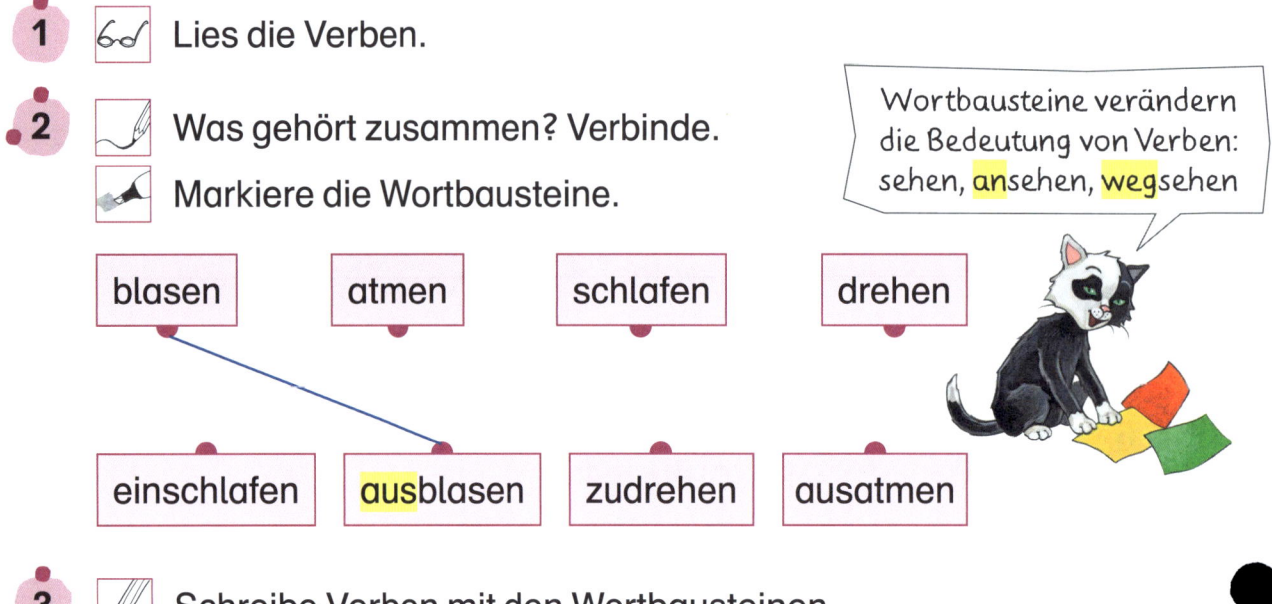

> Wortbausteine verändern die Bedeutung von Verben: sehen, **an**sehen, **weg**sehen

blasen	atmen	schlafen	drehen

einschlafen	**aus**blasen	zudrehen	ausatmen

3 ✏️ Schreibe Verben mit den Wortbausteinen.

🖌️ Markiere die Wortbausteine.

✏️ Schreibe die Personalform dazu.

an	**an**sehen	ich	sehe an
aus		ich	
zu	sehen	ich	
hin		ich	
weg		ich	
ein		ich	
ab		ich	
aus	steigen	ich	
auf		ich	
um		ich	

👓 ✏️ w🔘rt 📖 BB S. 124, BO S. 136

Futur

Verben im Futur drücken aus, was in der Zukunft sein wird: ich werde fahren

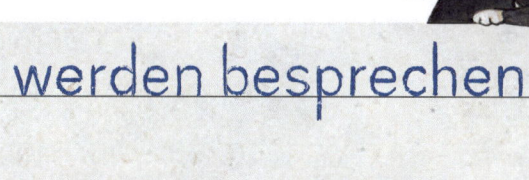

1 Lies den Text.

2 Schreibe die farbigen Verben auf.

Schulthema Walbeobachtung

Juli und Michel werden

das Thema Wale besprechen.

Sie werden viele Bücher lesen.

 Dann werden sie eine

Walbeobachtung planen.

werden besprechen

3   Markiere noch zwei Verben im Futur. Schreibe sie auf.

Juli und Michel <mark>werden</mark> bald

an die Ostsee <mark>fahren</mark>.

Dort werden sie

Schweinswale sehen.

Sie werden Fotos machen.

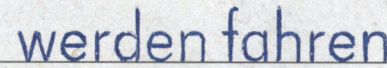

werden fahren

4 Schreibe mit den Wörtern Sätze im Futur.

Naturforscher   werden führen   sie

Naturforscher werden sie führen.

Sie   werden absuchen   das Meer

Sie   werden sehen   einen Schweinswal

Wortfamilien

1 Lies die Wörter.

Markiere den Wortstamm **weis**.

der Hin**weis** · ab**weis**en · vor**weis**en · die **Weis**heit · nach**weis**en

2 Markiere den Wortstamm **fass** gelb und **rück** blau.

Schreibe die Wörter geordnet auf.

das **Fass** · zu**fass**en · **rück**wärts · an**fass**en · der **Rück**en · ver**rück**en ●

fass: das Fass,

rück:

3 Welche zwei Wortstämme sind hier versteckt?

  Markiere. Schreibe die Wortstämme auf.

Schreibe die Wörter in die Tabelle.

halten · großartig · die Haltestelle · anhalten · mittelgroß · die Unterhaltung · die Großeltern · großzügig ●

Wortstamm:	Wortstamm:

 BB S.126, BO S. 139

Verben mit ieren

1 Lies die Verben.

 Markiere die Endung **ieren**.

alarm**ieren** · frisieren · notieren · sortieren · dekorieren · frittieren · isolieren · addieren

2 Markiere die Endung **ieren**.

 Verbinde die Verben mit den Nomen.

ras**ieren**		die Kasse
kopieren		die Rasur
kassieren		die Kopie

3 Markiere die Endung **ieren**.

Verbinde die Nomen mit den Verben.

das Studium		diktieren
der Buchstabe		stud**ieren**
das Diktat		buchstabieren

4 Schreibe Verben mit der Endung **ieren**.

Nomen + ieren → Verben mit ieren

Block + ieren → blockieren

Lack + ieren →

Platz + ieren →

Pause + ieren →

Verben schreibst du klein.

Das kann ich schon

Verben mit Wortbausteinen

1 Schreibe Verben mit den Wortbausteinen.

 Markiere die Wortbausteine.

Schreibe die Personalform dazu.

an		ich
zu	beißen	ich
ab		ich

auf		ich
ab	fallen	ich
aus		ich

Verben mit ieren

2 Schreibe Verben mit der Endung **ieren**.

Nomen	+ ieren	→ Verben mit ieren
Telefon	+ ieren	→
Fotograf	+ ieren	→
Laut	+ ieren	→
Schock	+ ieren	→
Gruppe	+ ieren	→

 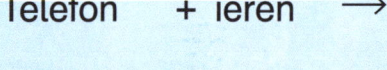

Diese Seite fand ich:
○ leicht ○ mittel ○ schwer

Mein Fahrrad

Verkehrszeichen lesen

1 Male die Verkehrszeichen richtig aus.

2 Lies die Bezeichnungen.

 Was gehört zusammen? Verbinde.

 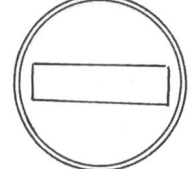 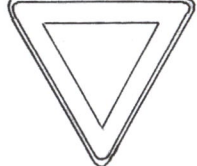 

| Verbot der Einfahrt | Vorfahrts-straße | Nur in Pfeilrichtung | Halt! Vorfahrt gewähren |

3 Verbinde, was zusammengehört.

Ampel		 Fußgängerüberweg
Achtung, Rehe!		Lichtzeichenanlage
Zebrastreifen		 verkehrsberuhigter Bereich
Spielstraße		 Wildwechsel

  Denke dir ein Gefahrenzeichen aus und male es auf.

 Schreibe einen Namen für dein Gefahrenzeichen.

 _____

Zu einem Text Stellung nehmen

1 Lies den Text.

Mehr Platz für Fahrräder als für Autos

In Deutschland gibt es viele Parkplätze für Autos.

Fahrradständer gibt es nur wenige.

2019 wurde in der niederländischen Stadt Utrecht

das größte Fahrrad-Parkhaus der Welt eröffnet.

Es hat Platz für mehr als 12 000 Fahrräder.

Die Niederländer sind begeisterte Radfahrer.

Sie sind umweltfreundlich unterwegs und tun etwas für ihre Gesundheit.

Es gibt dort sehr breite Radwege und viele Stellflächen für Räder.

Dafür haben die Autos weniger Platz.

2 Was spricht für mehr Platz für Fahrräder? Markiere <mark>grün</mark>.

 Was spricht dagegen? Markiere <mark>rot</mark>.

> Auf breiten Radwegen fährt man sicherer.

> Breite Radwege nehmen Autos Platz weg. So gibt es mehr Stau.

> Radfahren ist gesund. Das sollte gefördert werden.

> Einige Menschen sind auf das Auto angewiesen. Sie brauchen ausreichend Parkplätze.

> Radfahren ist umweltfreundlich. Deshalb: Mehr Platz für Fahrräder.

> Radfahrer wollen ihr Rad sicher unterbringen. Sie brauchen Stellflächen.

> Für den Transport von schweren Sachen braucht man ein Auto.

> Manche Wege sind zu weit, um sie mit dem Rad zu erledigen.

  Sollte Deutschland genauso fahrradfreundlich sein?
Sprecht darüber.

  BB S. 137, BO S. 150

Präpositionen verwenden

 1 Welche Präpositionen kennst du?

Schreibe in den Korb.

Präpositionen sind zum Beispiel auf, neben, unter, hinter, links, im …

 **2** Sieh dir das Bild an.

Schreibe die Präpositionen an die richtige Stelle.

Sara fährt _____ Max.

Jonas sitzt _____ seinem blauen Fahrrad.

Ali schiebt sein Rad _____ den Zebrastreifen.

Lara steht _____ ihrem Rad.

| auf |
| vor |
| neben |
| über |

 **3** Schreibe die Sätze in dein Heft.

 Markiere die Präpositionen.

Einen Weg beschreiben

1 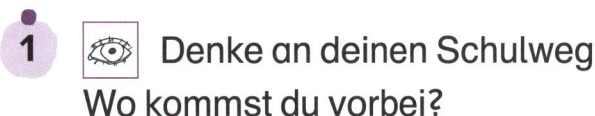 Denke an deinen Schulweg.
Wo kommst du vorbei?

> Orientierungspunkte können sein: eine Bäckerei, eine Tankstelle, eine Kreuzung, Straßennamen …

2 Schreibe Orientierungspunkte auf.

_____

_____

_____

3 Schreibe deinen Weg zur Schule auf.

> biege links ab • biege rechts ab • überquere … •
> gehe geradeaus • fahre mit … • laufe entlang … •
> komme vorbei an … • gehe über …

> Die Wörter im Kasten können dir helfen.

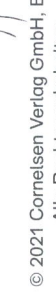

Ich verlasse mein Haus.

Zuerst _____

Dann _____

_____

_____

_____

Schließlich komme ich in der Schule an.

  Beschreibt einen Weg
auf eurem Schulgelände.
Probiert die Beschreibung aus.
Kommt ihr zum Ziel?

> Ihr könnt den Weg von eurem Klassenzimmer zu einem dieser Orte beschreiben: Turnhalle, Sekretariat, Spielplatz, Bücherei …

  BB S. 141, BO S. 154

Aus Verben werden Nomen

1 Sieh dir das Bild an.
Worum geht es hier?

2 Markiere die passende Überschrift.

Schreibe sie über den Text.

Bericht von der Bahnradsportbahn

Fahrradtour im Grünen   Konzert in der Aula

Meisterschaft im Turnen

3 Lies den Text.

Verb oder Nomen?
Markiere das richtige Wort.

Überschrift

„Herzlich willkommen, liebe Zuhörerinnen und Zuhörer,

zur Bahnradsportmeisterschaft.

Gleich Beginnen/beginnen die ersten Sprints.

Die Zeiten Spielen/spielen dabei keine Rolle.

Es zählt nur **das** Erreichen/erreichen

der Ziellinie als Erster.

Die Fahrer müssen **beim** Sprinten/sprinten

gute Nerven beweisen.

Wer zuerst lossprintet, hat einen großen Nachteil.

Beim Fahren/fahren im Windschatten können

die anderen Sportler viele Kräfte Sparen/sparen.

So können sie am Ende leichter Gewinnen/gewinnen.

Jetzt geht es los! Die ersten Sportler Machen/machen

sich startbereit."

Steht das, zum oder beim vor dem Verb, dann wird es zum Nomen. Nomen schreibt man groß.

Die Fälle des Nomens

1 Was gehört zusammen? Lies und verbinde.

1. Fall	Wem-Fall	Akkusativ
2. Fall	Wen-Fall	Nominativ
3. Fall	Wer-Fall	Genitiv
4. Fall	Wessen-Fall	Dativ

2 Schreibe die Fälle auf.

1. Fall – Wer-Fall – Nominativ

3 Lies die Sätze. Beantworte die Fragen. Schreibe den Fall dazu.

Anna fährt ein blaues Fahrrad.

Das Fahrrad gehört ihrer Schwester.

Anna trifft ihre Freundin.

Wer oder was fährt Fahrrad?

Anna. Wer-Fall (Nominativ)

Wem gehört das Fahrrad?

Wen oder was trifft Anna?

© 2021 Cornelsen Verlag GmbH, Berlin. Alle Rechte vorbehalten.

Die Fälle des Nomens

4 Lies den Text.

Schreibe, in welchem Fall die farbigen Wörter stehen.

Vorhaben am Wochenende

Anna fuhr zu ihrem Opa.

Wer-Fall (Nominativ)

Sie brachte ihm Kuchen.

Ihr Opa mochte den Kuchen.

Annas Überraschung war gelungen.

5 Schreibe die Nomen **ihr Opa** und **der Kuchen** in allen vier Fällen auf.

| ~~ihr Opa~~ | dem Kuchen | den Kuchen | der Kuchen |

| des Kuchens | ihren Opa | ihres Opas | ihrem Opa |

	ihr Opa	**der Kuchen**
Nominativ Wer-Fall	ihr Opa	
Genitiv Wessen-Fall		
Dativ Wem-Fall		
Akkusativ Wen-Fall		

 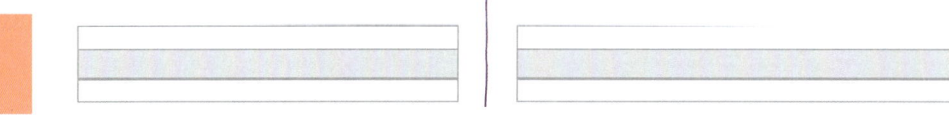

Wörter mit V oder v Ⓜ

1 Lies die Verben.

2 🖉 Setze die Wortbausteine und die Verben richtig zusammen.
Schreibe auf.

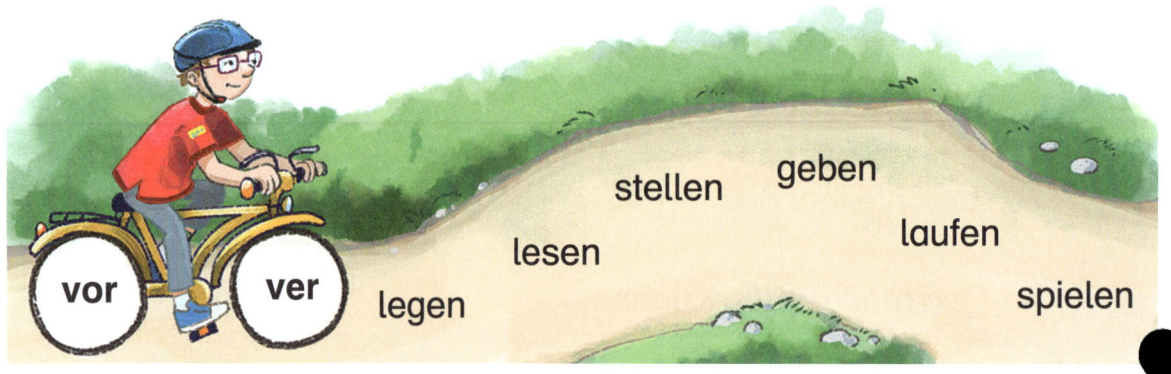

vor ver legen lesen stellen geben laufen spielen

vorlegen – verlegen,

3 🖊 Was gehört zusammen? Verbinde.

4 🖉 🖊 Schreibe die Paare auf. Markiere **V** oder **v**.

| vorsichtig | kurvig | väterlich | vernünftig |

| der Vater | die Vorsicht | die Vernunft | die Kurve |

vorsichtig – die Vorsicht,

BB S. 144, BO S. 159

Wörter mit langem i

1 Lies die Wörter.

 Markiere das lange **i**.

NILPFERD · VIRUS · MEDIKAMENT · ZITRONE · BIKINI ·
ROSINEN · KAPITÄN · TERMIN · IGEL · VAMPIR

2 Schreibe die Wörter an die richtige Stelle im Rätsel.

 Schreibe den Lösungssatz auf.

Der Arzt verschreibt dir ein …

— — — — — — — — — — — —
　　　　　1

Dieses Tier hat viele Stacheln.

— — — —
　　7

Man nennt es auch
Hippopotamus oder Flusspferd.

N I L P F E R D
　　　10　　13

Saure Frucht

— — — — — — —
　　　　12

Beim Arzt solltest du einen …
vereinbaren.

— — — — — —
6　　　　14

Getrocknete Weintrauben

— — — — — —
　　　5

Zweiteiliger Badeanzug
für Mädchen

— — — — — —
3　　　　　8

Dracula ist ein …

— — — — — —
　　　　　11

Schiffsführer oder Anführer
einer Sportmannschaft

— — — — — — —
　　4　　　9

Grippe-…

— — — — —
　　2

Lösungssatz: — — — — — — — P — — F — — !
　　　　　1　2　3　4　5　6　7　8　9　10　11　12　13　14

Das kann ich schon

Aus Verben werden Nomen

1 Lies den Text.

 Verb oder Nomen? Markiere das richtige Wort.

Zirkusreif

Lars und Rike Lieben/lieben Räder.

Ihre Räder Haben/haben nur ein Rad.

Sie bevorzugen **das** Fahren/fahren auf Einrädern.

Bei einer Zirkusvorstellung haben sie Einräder gesehen.

Seitdem Trainieren/trainieren sie fast täglich.

Das Aufsteigen/aufsteigen ist viel schwieriger

als bei einem normalen Fahrrad.

Man muss das Einrad nach hinten Kippen/kippen.

Dann muss man sich mit dem Fuß vom Boden Abstoßen/abstoßen.

Auch **das** Sitzen/sitzen auf dem Sattel muss man erst Lernen/lernen.

Wörter mit V oder v

2 Was gehört zusammen? Verbinde.

3   Schreibe die Paare auf. Markiere **V** oder **v**.

| pulverig | vorteilhaft | nervig | vorbildlich |

| der Vorteil | das Pulver | das Vorbild | der Nerv |

Diese Seite fand ich:
○ leicht ○ mittel ○ schwer

Einfach genial!

Eine Bauanleitung lesen

1   Lies die Bauanleitung und sieh dir die Bilder an.

2   Bringe die Bilder in die richtige Reihenfolge. Schreibe die Zahlen.

1 Lege zwei alte CDs, ein Stück Pappe, eine Schere, einen Locher, eine Schnur (oder Wolle), Klebestreifen, ein Lineal und einen Bleistift bereit.

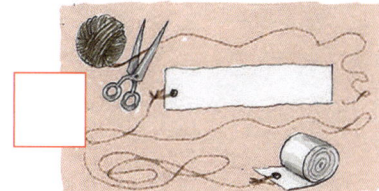

2 Schneide einen 16 cm langen und 3 cm breiten Pappstreifen zu. Mache mit dem Locher am oberen Ende in der Mitte ein Loch.

3 Schneide 70 cm Schnur ab und knote sie an das Loch. Rolle den Pappstreifen nun ganz fest so auf, dass ein Röllchen entsteht.

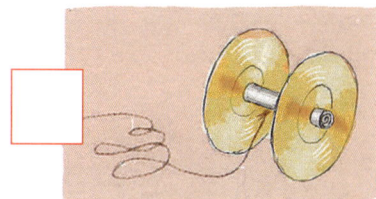

4 Stecke an jedes Ende des Papp-röllchens eine CD.

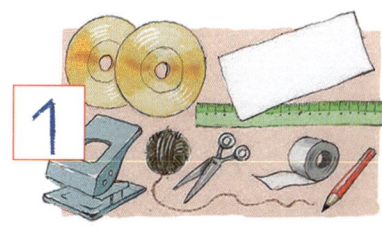

5 Schneide den äußeren Rand des Papp-röllchens auf beiden Seiten 5-mal gleich tief ein. Knicke die kleinen Stücke um und klebe sie an die CD.

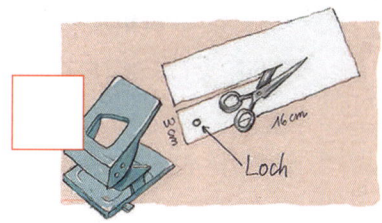

6 Wickle die Schnur um das Papp-röll-chen zwischen den CDs und los geht's.

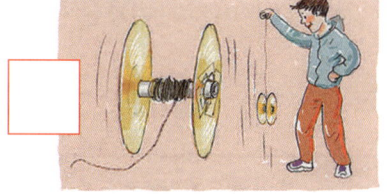

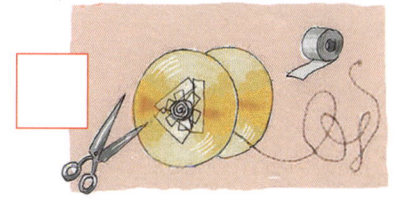

  Baue dir ein eigenes Jo-Jo.

Eine Skizze und eine Funktionsbeschreibung lesen

1  Sieh dir die Skizze an. Was erfährst du darauf?

Skizze

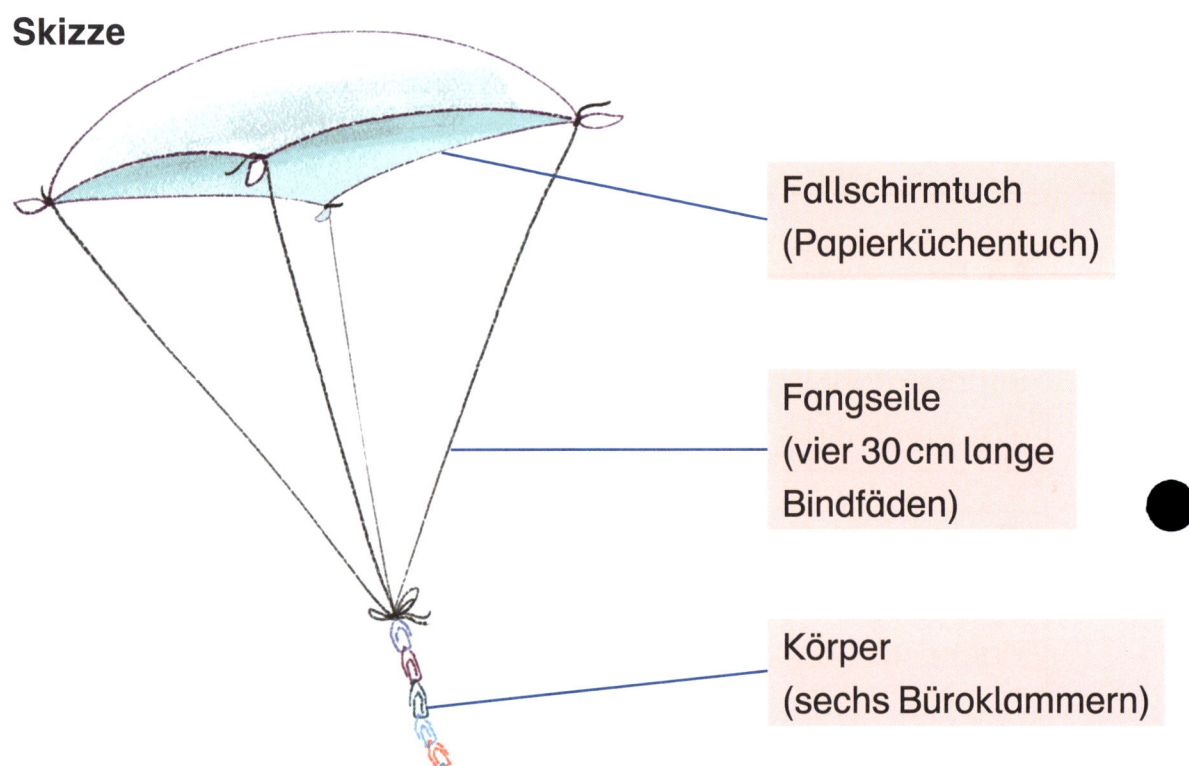

Fallschirmtuch
(Papierküchentuch)

Fangseile
(vier 30 cm lange
Bindfäden)

Körper
(sechs Büroklammern)

2 Schreibe die Wörter in die Lücken.

~~Fallschirmtuch~~ · Fallschirmtuch · Fallschirmtuch ·
Fallschirmtuch · Körper · Körper · Fangseilen

Der Fallschirm

Mit einem großen Fallschirmtuch wird das Fallen in der Luft

gebremst. Das _____ leistet der Luft Widerstand.

Je größer das _____ ist, desto langsamer schwebt

der _____ zu Boden. Der _____ ist

mit _____ mit dem _____

fest verbunden. So landet er sicher am Boden.

Sich in einem Lexikon orientieren

1  Unter welchem Buchstaben im Alphabet findest du das Stichwort **Sonnenbrille**? Kreuze an.

☐ B ☐ E ☐ S

2 👓 Lies den Lexikonartikel.

3 ✏️ Schreibe die Begriffe an die richtige Stelle.

~~Lexikonartikel~~ • Stichwort • Verweis

Sonnenbrille:
Eine Sonnenbrille ist eine ↗ Brille mit farbigen ↗ Gläsern, die die Durchlässigkeit von ↗ Licht zu den ↗ Augen verringert und sie so schützt.

Sonnenbrille

Sonnenschutz der Inuit

S

Schon die ↗ Inuit hielten sich Holzblöcke oder Leder mit Schlitzen als Schutz vor dem Sonnenlicht vor die Augen. Im Jahr 1752 experimentierte ein britischer Konstrukteur erstmals mit farbigen Gläsern.

Heute bestehen die Gläser aus einer farbigen Schicht und einem ↗ UV-Filter. Der UV-Filter schützt die Augen vor den gefährlichen ↗ UV-Strahlen der Sonne. Eine gute Sonnenbrille lässt wenig ↗ Streulicht auf die Augen fallen.

Seite 199

Lexikonartikel

Das Akkusativobjekt

 1 Lies die Sätze.

 2 Frage nach dem Akkusativobjekt.
Schreibe das Akkusativobjekt auf.

Nach dem Akkusativ (Wen-Fall) fragst du mit Wen oder was?

Haihaut als Vorbild

• Die Haihaut hat wenig Wasserwiderstand.

Frage: Wen oder was hat die Haihaut?

Akkusativobjekt: wenig Wasserwiderstand

• Die Haihaut interessiert viele Forscher.

Frage: Wen oder was

Akkusativobjekt:

• Sie untersuchen die Haihaut.

Frage:

Akkusativobjekt:

• Die Haihaut hat kleine Hautzähnchen.

Frage:

Akkusativobjekt:

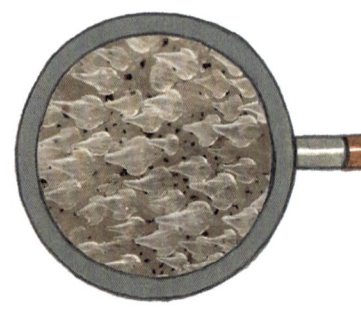

BB S. 158, BO S. 173/174

Wörter erfinden

1 Lies den Satz.

 Was hat Tinto damit gemacht? Kreuze an.

Tonto hotto oonon gonoolon Oonfoll.

☐ Tinto hat die Wörter rückwärts geschrieben.

☐ Tinto hat die Silben vertauscht.

☐ Tinto hat alle Selbstlaute durch ein **O** ersetzt.

2 Schreibe den Satz richtig auf.

_____

3 Lies die Sätze.

  Kreuze an und schreibe sie richtig auf.

• rumWa heißt das scheltierKu dybärTed?

☐ Tinto hat die Wörter rückwärts geschrieben.

☐ Tinto hat die Silben vertauscht.

_____

• sE raw red emanztipS senie netnedisärP.*

☐ Tinto hat die Wörter rückwärts geschrieben.

☐ Tinto hat die Silben vertauscht.

> * Dieser Präsident hieß Theodore Roosevelt. Er hatte den Spitznamen Teddy.

_____

4 Lies die Sätze.

 Schreibe sie richtig in dein Heft.

• Oof dor Jogd wollto or oonon kloonon Boron nocht orschooßon.

• halbDes kamenbe leal schelbärenKu den menNa dyTed.

© 2021 Cornelsen Verlag GmbH, Berlin. Alle Rechte vorbehalten.

Wörter mit stummem h

1   Was stimmt? Kreuze an.

fahren ist ein Merkwort. Hier ist das h stumm.

Ein stummes **h** kann man im Wort hören.

Ein stummes **h** kann man im Wort nicht hören.
Das Wort muss man sich merken.

2 Lies die Sätze. Verbinde mit dem passenden Wort.

Schreibe die Wörter mit stummem **h** in das Rätsel.

1 365 Tage sind ein …

2 Das Gegenteil von traurig ist …

3 Hören kann man mit den …

4 Ein junges Pferd ist ein …

5 Zum Kauen brauchen wir die …

6 Auf dem Dach weht eine …

Ohren

Fohlen

Jahr

Zähne

Fahne

fröhlich

1↓   4↓

J
A
H
R

6→

3↓

2→

5→

BB S. 160, BO S. 176

Großschreibung von Nomen – Nominalgruppe

1   Lies die Nomen mit den Artikelwörtern.

 Markiere alle Artikelwörter <mark>gelb</mark>.

> **seine** Tasche · zur Sonne · einige Geräte ·
> dieser Witz · viele Bücher · solche Wörter ·
> weitere Jahre · kein Bild · beim Start · mein Hund

Statt der/die/das oder ein/eine können Artikelwörter vor dem Nomen stehen.

2 Schreibe die Artikelwörter auf.

seine,

3   Lies den Text. Schreibe die farbigen Wörter auf.

 Markiere die Artikel und Artikelwörter <mark>gelb</mark> und die Nomen <mark>blau</mark>.

Der Klettverschluss

Herr Mestral ging mit seinem kleinen Hund spazieren.

Das neugierige Tier schnüffelte überall herum.

In dem zotteligen Fell hingen danach einige

stachelige Kletten. Herr Mestral baute

diese haltbaren Widerhaken nach.

So entstand der viel benutzte Klettverschluss.

seinem kleinen Hund,

Das kann ich schon

Das Akkusativobjekt

 1 Frage nach dem Akkusativobjekt.
Schreibe das Akkusativobjekt auf.

• Die Klasse macht eine Ausstellung.

Frage: _____ ?

Akkusativobjekt: _____

• Die Kinder haben Plakate vorbereitet.

Frage: _____ ?

Akkusativobjekt: _____

Großschreibung von Nomen – Nominalgruppe

  2 Lies den Text. Schreibe die farbigen Wörter auf.

Markiere die Artikel und Artikelwörter gelb und die Nomen blau.

Die Wurfscheibe

Ein amerikanischer Bäcker stellte viele leckere Kuchen her.

Einige spielende Kinder warfen seine alten Kuchenbleche hin und her.

Diese runden Wurfscheiben konnten gut fliegen.

_____

_____

_____

_____

© 2021 Cornelsen Verlag GmbH, Berlin.
Alle Rechte vorbehalten.

Diese Seite fand ich:
○ leicht ○ mittel ○ schwer

Eine Zeitung entsteht

Ein Informationsmedium kennen

1 👓 Lies die Texte.

2 ✏️ Welche Zeitungsarten werden beschrieben? Markiere.

A Anzeigenblätter gibt es in vielen Städten. Man findet sie kostenlos im Briefkasten. In einem Anzeigenblatt gibt es sehr viel Werbung. Wenige Artikel berichten über aktuelle Neuigkeiten aus der Stadt.

B Eine **Regionalzeitung** erscheint in einer bestimmten Stadt oder Region. Sie kostet Geld. Sie berichtet über aktuelle Themen aus der Welt und Region. Aber auch über Politik, Kultur und Sport.

C Zeitschriften erscheinen in bestimmten Abständen, zum Beispiel alle 14 Tage oder einmal im Monat. Sie beschäftigen sich mit einem ausgewählten Thema. Es gibt Zeitschriften für Mode, Musik oder Computer. Es gibt auch Zeitschriften für Kinder, Frauen, Männer oder Jugendliche. Alle Zeitschriften kosten Geld.

3 ✏️ Welche Zeitung passt zu welchem Text? Trage den Buchstaben ein.

A

✏️ Welche Zeitungsarten kennt ihr? Bringt verschiedene Zeitungen mit und schreibt auf: Wie heißt die Zeitung? Zu welcher Zeitungsart gehört sie? Welche Themen werden behandelt?

Fachbegriffe kennen

1 Lies den Text.

 Sieh dir die markierten Fachbegriffe an.

Aufbau eines Zeitungsartikels

Die Überschrift eines Zeitungsartikels heißt Schlagzeile (Headline*).

Große Schlagzeilen haben eine Unterzeile.

Der Text ist in Spalten angeordnet.

Der Vorspann ist fett gedruckt und steht am Anfang.

Unter einem Foto steht eine Bildunterschrift.

* sprich: Hädlein

2 Schreibe die markierten Fachbegriffe an die richtige Stelle.

Schlagzeile

Der „Dinosaurier"
Ein Preis für Umweltsünder

Gewonnen, wie peinlich! Gespannt warten alle auf die Verleihung des Preises für Umweltsünder, des „Dinosaurier".

Manche Preise sind kein Grund zur Freude. Dazu gehört auch der „Dinosaurier". Dieser wird vom Naturschutzbund Deutschland (NABU) jedes Jahr an Menschen verliehen, die im Bereich Umweltschutz der Natur schaden. Der Preis ist ein Dinosaurier aus Zinn. Er wiegt fast drei Kilogramm. Seit 1993 wird der Preis vergeben.

Für Waldrodungen gibt es den „Dinosaurier".

  BB S. 169, BO S. 186

Einen Bericht schreiben

1 👓 Lies die Themen für die Abschlusszeitung.

2 ✏️ Welches Thema eignet sich **nicht** für einen Bericht? Kreuze an.

| Lesenacht in der Schule | Unsere Projektwoche | Witze und Rätsel | Auf Klassenfahrt |

3 ✏️ Schreibe ein eigenes Thema für einen Bericht auf.

4 ✏️ Wähle ein Thema aus.
Beantworte die W-Fragen in Stichworten.

Mein Thema:

Wer war beteiligt?

Wann und **wo** fand es statt?

Was ist geschehen?

✏️ 🐾 ✏️ Schreibe mithilfe deiner Stichworte einen Bericht.

Schreibe kurz und sachlich.
Schreibe im Präteritum:
wir gingen oder sie sahen

Das Dativobjekt

1   Lies die Sätze und die Fragen.

2 Beantworte die Fragen nach dem Dativobjekt.

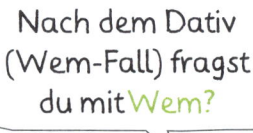

Nach dem Dativ (Wem-Fall) fragst du mit Wem?

• Die dpa* liefert den Zeitungen Nachrichten.

Wem liefert die dpa Nachrichten? den Zeitungen

• Mitarbeiter übermitteln der dpa Informationen.

Wem übermitteln Mitarbeiter Informationen?

• Die dpa verkauft den Zeitungsverlagen Nachrichten.

Wem verkauft die dpa Nachrichten?

3   Frage nach dem Dativobjekt.

 Markiere das Fragewort und das Dativobjekt.

Die Nachrichten helfen den Redakteuren.

Wem helfen die Nachrichten   ?

Die Fotos fehlen der Redaktion.

Wem   ?

Die Berichte gefallen den Lesern.

Wem   ?

Gesprochene und geschriebene Sprache

1   Lies den Text und sieh dir das Bild an.

2 Schreibe die Begriffe **gesprochene Sprache** und **geschriebene Sprache** in die passende Zeile.

Preisverdächtig

In diesem Schuljahr hat die Klasse 4a die größte Zucchini im Schulgarten gezüchtet. Somit geht der Gartenpreis an die engagierten Gärtnerinnen und Gärtner. Herzlichen Glückwunsch!

3   Welche Sätze passen? Kreuze an.

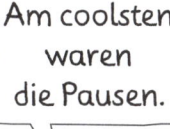

☐ Mia gefielen die Pausen besonders.

☐ Mia fand die Pausen langweilig.

☐ Am liebsten lernte Luis in der Hängematte.

☐ Sehr gern entspannte sich Luis in der Hängematte.

☐ Mila gefiel die Schuldisco sehr.

☐ Mila hat sich auf der Schuldisco gelangweilt.

Anredepronomen

 1 Lies die E-Mail an Frau Naumann.

 2 Markiere die vier Anredepronomen.

Hallo Frau Naumann,

wir möchten <mark>Sie</mark> über unsere Idee informieren.
Für unsere Schülerzeitung möchten wir
unseren Bürgermeister interviewen.
Was meinen Sie dazu?
Auf Ihre Antwort sind wir gespannt.

Viele Grüße
Ihr Redaktionsteam „Der rasende Schulblitz"

In einer E-Mail oder einem Brief werden die Anredepronomen Sie, Ihre, Ihnen, Ihr großgeschrieben.

 3 Lies die E-Mail an den Bürgermeister.

 Markiere die richtigen Anredepronomen.

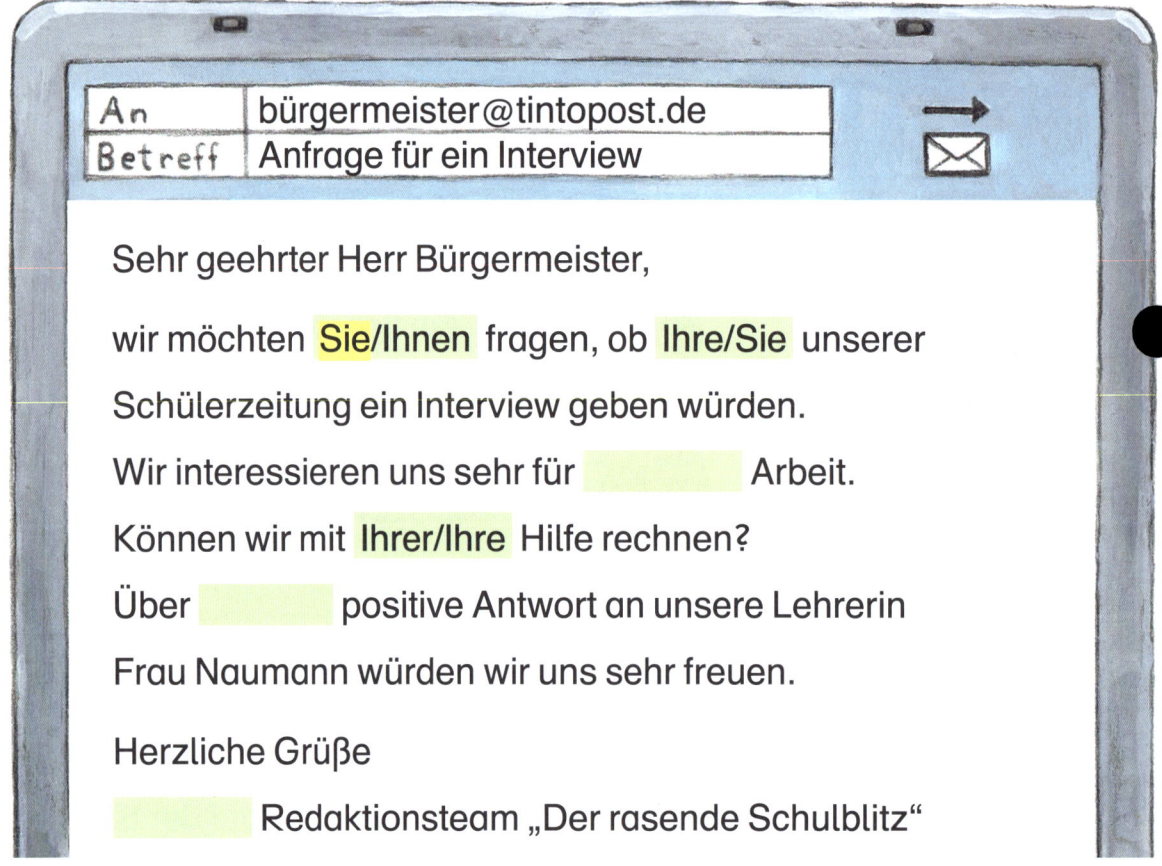

| An | bürgermeister@tintopost.de |
| Betreff | Anfrage für ein Interview |

Sehr geehrter Herr Bürgermeister,

wir möchten <mark>Sie/Ihnen</mark> fragen, ob <mark>Ihre/Sie</mark> unserer

Schülerzeitung ein Interview geben würden.

Wir interessieren uns sehr für <mark>   </mark> Arbeit.

Können wir mit <mark>Ihrer/Ihre</mark> Hilfe rechnen?

Über <mark>   </mark> positive Antwort an unsere Lehrerin

Frau Naumann würden wir uns sehr freuen.

Herzliche Grüße

<mark>   </mark> Redaktionsteam „Der rasende Schulblitz"

  4 Schreibe die E-Mail mit den richtigen Anredepronomen in dein Heft.

Komma und Konjunktion

1 Lies die Sätze.

2 Markiere das Komma und die Konjunktion.

Mit einer Konjunktion (Bindewort) kannst du zwei Sätze zu einem Satz verbinden.

Die Kinder lesen Zeitschriften.

Sie haben Projektwoche.

Die Kinder lesen Zeitschriften, **weil** sie Projektwoche haben.

Die Kinder lesen Zeitschriften, wenn sie Projektwoche haben.

3  Schreibe zwei weitere Sätze mit den Konjunktionen **falls** und **obwohl**. Markiere das Komma und die Konjunktion.

Die Kinder lesen Zeitschriften, falls

Die Kinder lesen Zeitschriften, obwohl

4   Markiere das Komma und die Konjuktion. Verbinde die Sätze.

Tim schneidet Bilder aus, **weil**

die Sonne scheint.

Fatma liest einen Artikel, denn

er ein Plakat gestaltet.

Lena hat einen Regenschirm mit, obwohl

jemand Hilfe braucht.

Jonas möchte helfen, falls

sie findet ihn interessant.

Das kann ich schon

Das Dativobjekt

1 Frage nach dem Dativobjekt.

Markiere das Fragewort und das Dativobjekt.

Paul leiht Fatma ein Blatt.

Wem ?

Alle stimmen dem Vorschlag zu.

Wem ?

Die Idee gefällt Jacob gut.

Wem ?

Die Notizen gehören der Reporterin.

Wem ?

Komma und Konjunktion

2   Markiere das Komma und die Konjuktion. Verbinde die Sätze.

Der Witz ist lustig, weil	sie Sudokus lösen kann.
Lia kauft ein Rätselheft, damit	sie morgen kommt.
Elias nimmt sein Pausenbrot mit, wenn	viele Kinder lachen.
Mara bringt ein Spiel mit, falls	er zur Schule fährt.

© 2021 Cornelsen Verlag GmbH, Berlin. Alle Rechte vorbehalten.

Diese Seite fand ich:
○ leicht ○ mittel ○ schwer